MÉMOIRES

DE

PHILIPPE DE COMMYNES

NOUVELLE ÉDITION

A PARIS

CHEZ JULES RENOUARD

LIBRAIRE DE LA SOCIÉTÉ DE L'HISTOIRE DE FRANCE,

RUE DE TOURNON, N° 6.

M. DCCC. XLII.

PRÉFACE.

Avant d'exposer ce que nous avons essayé de faire pour rendre notre travail digne de paraître sous les auspices de la Société qui a bien voulu en autoriser la publication, nous croyons convenable de jeter un coup d'œil rétrospectif sur les principales éditions qui ont précédé la nôtre. Signaler ce que, malgré leurs mérites divers, elles laissaient encore à désirer, ce sera faire connaître le but que nous nous sommes efforcée d'atteindre.

L'édition *princeps* des *Mémoires de Commynes* fut imprimée à Paris, en 1524[1], pour le compte de Galliot du Pré, qui avait obtenu pour cette publication un privilége délivré le 3 février 1523[2]. Le débit en fut très-rapide; et le même libraire publia, dès la même année, une seconde édition[3] presque aussitôt écoulée que la première[4]. Celleci, et toutes celles qui la suivirent jusqu'en 1528, ne ren-

[1] Elle est intitulée : *Chronique et histoire faicte et composee par feu messire Phelippe de Comines......, contenant les choses advenues durant le regne du Roy Loys XI*. C'est un petit in-folio de 116 feuillets, imprimé en caractères gothiques. Il fut achevé d'imprimer le 25 avril 1524.

[2] Vieux style, ou, selon notre manière actuelle de compter, 1524. Quelques bibliographes, trompés par la date du privilége, citent une édition de 1523, qui n'existe pas, ou, du moins, est *fort problématique*, suivant la judicieuse remarque de M. Brunet (*Manuel*, 4ᵉ éd., I, 743).

[3] Achevée d'imprimer le 7 septembre 1524.

[4] Une troisième édition, du même Galliot du Pré, fut achevée d'imprimer le 11 septembre 1525.

I.   *a*

fermaient que la partie des Mémoires qui comprend le règne de Louis XI. Une portion non moins importante était demeurée inédite. Elle fut mise au jour quatre ans plus tard, en 1528 [1], et souvent réimprimée, par la suite, avec la chronique dont elle forme le complément.

C'est en 1552 seulement que parut la première édition [2] *critique* de Commynes, la première aussi qui porte le titre de *Mémoires* [3] que depuis on a toujours conservé, la première enfin pour laquelle ait été adoptée la division par livres et chapitres. Denys Sauvage, sieur du Parc, à qui l'on en est redevable, rendit un véritable service à l'histoire par cette publication. Il réunit, à cet effet, les divers imprimés ou manuscrits, les collationna avec soin, et fit usage

[1] Sous ce titre : *Croniques du Roy Charles huytiesme de ce nõ que Dieu absoille*, cõtenãt la verite des faictz et gestes dignes de memoire dudict seigneur, qu'il feist en son voiage de Naples et de la conqueste dudit royaulme....... et de son triomphãt et victorieux retour en son royaulme de Frãce : Cõpile et mise par escript en forme de memoires par messire Phelippes de Comines chevalier seignr Dargetõ... Petit in-folio, en caractères gothiques, de 4 ff. préliminaires et de lx feuillets. Il fut achevé d'imprimer, pour Enguillebert de Marnef, le 25 septembre 1528.

[2] *Les Mémoires de messire Philippe de Commines, chevalier, seigneur d'Argenton :* sur les principaux faicts, et gestes de Louis onzième et de Charles huictième, son fils, Roys de France, reveus et corrigez par Denis Sauvage de Fontenailles en Brie, sur un exemplaire pris à l'original de l'auteur, et suivant les bons historiographes et croniqueurs : avec distinction de livres, selon les matieres, estans aussi les chapitres autrement distinguez que par cy devant, et, brief, le tout mieux ordoné : ainsi que les lecteurs pourront voir par l'auertissement à eux addrecé, après l'épistre au Roy. Paris, Galiot du Pré, 1552, in-folio.

[3] Ce titre de *Mémoires* semblait indiqué par Commynes lui-même qui, très-fréquemment, s'en sert pour désigner son ouvrage. Voyez, au tome Ier, les pages 155, ligne 16 ; 163, l. 15 ; 197, l. 7 ; 231, l. 2 ; 268, l. 14, etc.

surtout « d'un exemplaire vieil (c'est ainsi qu'il s'exprime)
copié sur le vray original de l'autheur, comme le personnage auquel il estoit escrit à la première feuille. » On doit
regretter que cet éditeur, « pour ne faire trop de compte
de l'antiquité, » se soit refusé à admettre dans son texte,
ou simplement en marge, « certains vieux mots et quelques
phrases ou manières de parler, presque autant aagees, qui
se rencontroient au vieil exemplaire ; » mais il faut lui tenir
compte et de l'amélioration de certaines parties du texte et
de quelques notes qui servent beaucoup à l'éclaircir. Sachons-
lui gré surtout de l'heureuse innovation qui, distribuant
l'œuvre de Commynes en huit livres et la divisant de nouveau par chapitres[1], rend la lecture des Mémoires plus at-
trayante en ce qu'elle permet de s'arrêter à des repos natu-
rels. En considération de cela, nous lui pardonnons presque
des corrections fâcheuses qu'il s'est permises et qui dénatu-
rent le sens des phrases, sous prétexte de le rétablir.

Son édition fut longtemps adoptée pour les réimpressions
qui se firent des *Mémoires de Commynes*, jusqu'à ce que
Denys Godefroy, historiographe de France, en mît une
nouvelle sous presse, à l'imprimerie royale du Louvre[2].
Celui-ci mit à contribution pour son travail : 1° un manuscrit appartenant à la Bibliothèque Royale ; 2° un second
manuscrit communiqué par M. Hardy, conseiller du roi au

[1] Nous avons admis la division de Sauvage en ce qui concerne les huit
livres dans lesquels il a réparti les Mémoires de Commynes, à un seul
endroit près : nous avons donné avis, dans une note, de ce changement (Voy. II, 164). Pour ce qui est de la distribution par chapitres,
nous avons préféré suivre celle de Lenglet ; en modifiant, toutefois,
certains déplacements d'alinéas, que ce dernier avait empruntés de
ses devanciers.

[2] *Les Mémoires de messire Philippe de Comines, seigneur d'Argenton*, contenans l'histoire des Roys Louis XI et Charles VIII, de-

châtelet ; 3° enfin les différentes éditions qui avaient précédé la sienne. Il rend compte, en ces termes, de la méthode qu'il a suivie, et des avantages qu'offre son édition : « Les différentes lections ont esté joinctes aux marges suivant les collations qui en ont esté faictes : l'ordre des dattes, la disposition des chapitres et autres ornements ont esté soigneusement observez, pour en tirer plus de lumière. De plus, quelques observations considérables de feu messire Jacques-Auguste de Thou, président au parlement, et de Théodore Godefroy, mon père, conseiller du roy en ses conseils, y ont esté semblablement insérées, pour plus d'esclaircissement. » Godefroy avait réuni, et plaça à la suite des Mémoires, « quelques preuves et annotations sur aucuns principaux et plus importants passages de l'auteur. » Il n'y a que des éloges à lui donner sous ce rapport, et c'est par là surtout que son édition se recommande ; mais, plus hasardeux encore que Sauvage, il a, sans scrupule, en plus d'un endroit, changé ou paraphrasé le texte qui lui semblait, mais qui n'était pas toujours obscur. Ces hardiesses, contre lesquelles nous ne saurions trop nous élever, diminuent un peu le gré que nous lui savons d'avoir, le premier, rendu les recherches plus faciles en plaçant au haut des pages le millésime des années auxquelles se rapportent les événements racontés dans les Mémoires. Jean Godefroy continua l'œuvre commencée par son père, ras-

puis l'an 1464 iusques en 1498, reueus et corrigez sur diuers manuscrits, et anciennes impressions, augmentez de plusieurs traictez, contratz, testaments, autres actes, et de diverses observations. Par Denys Godefroy, conseiller et historiographe ordinaire du Roy, à Paris, de l'imprimerie royale, 1649, in-folio. — L'impression de ce volume avait commencé dès 1648, et le tirage de quelques exemplaires de la première feuille (pag. 1—8) fut fait de la main de Louis XIV (alors dauphin), le 18 juillet de cette année.

sembla, en assez grand nombre, de nouveaux documents pour servir d'éclaircissement aux *Mémoires de Commynes*, qu'il publia à Bruxelles, de 1706 à 1713, en quatre volumes in-8° [1].

Lenglet Dufresnoy, qui donna ses soins à de nombreuses réimpressions d'ouvrages historiques ou littéraires, fit paraître, en 1747, une nouvelle édition des *Mémoires de Commynes* [2]. Le succès en fut tel que devait le faire présumer la réputation de l'éditeur, et il s'est soutenu jusqu'à nos jours. C'est, sans contredit, sous bien des rapports, le plus recommandable des travaux entrepris pour illustrer l'œuvre de notre historien. Aux nombreux documents qu'avaient recueillis les deux Godefroy, Lenglet ajouta une quantité considérable de pièces inédites, et distribua le tout avec plus de méthode, en séparant, ce que n'avaient pas fait ses devanciers, les simples annotations au texte des actes, lettres ou extraits de chroniques qui servent d'éclaircissement ou de contrôle au récit de Commynes. Ses trois derniers volumes forment, pour le premier, un appendice fort utile à consulter. Quant à ce premier volume, tout en adoptant une meilleure division des chapitres que l'éditeur y a

---

[1] Réimprimé avec de nouvelles additions, à Bruxelles, 1723, 5 vol. petit in-8°.

[2] *Mémoires de messire Philippe de Comines, seigneur d'Argenton*, où l'on trouve l'histoire des Rois de France Louis XI et Charles VIII. Nouvelle édition, revue sur plusieurs manuscrits du temps, enrichie de notes et de figures, avec un recueil de traités, lettres, contrats et instructions, utiles pour l'histoire et nécessaires pour l'étude du droit public et du droit des gens, par messieurs Godefroy; augmentée par M. l'abbé Lenglet Dufresnoy. Londres et Paris, Rollin, 1747, 4 vol. in-4°. — Les curieux recherchent surtout les exemplaires en tête desquels se trouve une dédicace au comte Maurice de Saxe, qui fut supprimée.

introduite, nous ne saurions lui donner des éloges aussi complets; car Lenglet, quoi qu'il en dise dans sa préface, ne nous paraît pas avoir assez attentivement collationné le texte sur les trois manuscrits[1] qui furent mis à sa disposition. De plus, s'étant fait une loi, comme il le déclare, de ne rien retrancher de ce que MM. Godefroy avaient mis dans leurs différentes éditions, il s'est avisé d'un expédient fort incommode pour demeurer en tout fidèle à ce principe. Pour appeler l'attention du lecteur et l'aider dans ses recherches, les Godefroy avaient mis dans la marge de leurs pages un court sommaire du récit de l'auteur ou de ses réflexions : cela, sans aucun doute, pouvait avoir son utilité et mériter d'être conservé; mais à la condition d'être reproduit sous la même forme, sinon il y fallait renoncer. Lenglet n'en jugea pas ainsi : il fit un choix des sommaires, admit les uns dans la marge, et rejeta tout le reste dans les notes, au bas des pages. De cette manière de procéder, il s'ensuit que le lecteur se trouve continuellement arrêté par des renvois à des notes qui, au lieu de lui fournir quelque profitable renseignement, ne font que lui répéter, à peu près dans les mêmes termes, ce qu'il vient de lire dans le texte. Cet inconvénient se renouvelle si souvent que nous n'aurons que l'embarras du choix pour en citer un exemple. En voici un

[1] De ces trois manuscrits, deux appartenaient et sont encore à la Bibliothèque royale : le troisième était dans la bibliothèque de Saint-Germain des Prés et provenait de celle du chancelier Séguier. « Les armoiries peintes sur ce manuscrit, dit Lenglet, m'ont fait connoître qu'il avoit été écrit pour un seigneur de la maison d'Albret. » Ce manuscrit faisait naguère partie de la riche bibliothèque de M. le marquis de Coislin, dont la vente a commencé le 29 novembre 1847 : il était inscrit sous le n° 604 du *Catalogue*. Il a été adjugé pour la somme de 4400 fr. à M. Giraud de Saviguy.

assez curieux. Commynes, après avoir parlé des projets de conquéte formés par le duc de Bourgogne, projets dont l'exécution s'évanouit avec la vie du prince, s'exprime ainsi (liv. V, chap. ix): « Or sont finees toutes ces pensees, et le tout tourné à son préjudice et honte, car *ceulx qui gaignent en ont tousjours l'honneur* [1]. » A cet endroit de l'édition de Lenglet, une note vous appelle et vous y lisez que « *les vainqueurs ont toujours l'honneur*, quelque sage conduite qu'ayent apporté les vaincus. » C'est une analyse assez peu fidèle, une répétition amplifiée de ce qu'on vient de voir dans le texte : c'est, en un mot, le sommaire marginal de Godefroy. Lenglet ne s'en tient pas à cela : il complète la maxime en ajoutant ces mots qui, en aucune façon, ne se rapportent aux paroles de l'auteur : « Et plus le vaincu a témoigné de prudence et de valeur, plus le vainqueur a de gloire. *Il n'y en a point à battre un poltron.* »

Sosie l'avait déjà dit :

Battre un homme à jeu sûr n'est pas d'une belle âme...

Nous ne relèverions pas cette étrange note, si Lenglet ne complétait assez habituellement celles qu'il emprunte à ses devanciers par des niaiseries additionnelles de ce genre. Si Godefroy, par exemple, rapporte que le meurtrier de Charles le Téméraire, qui l'avait frappé sans le connaître, en mourut de regret, son continuateur fait observer que c'est là un *sentiment très-louable dans un ennemi.* Parfois enfin, Lenglet ne comprend pas bien la note qu'il reproduit : dans ce cas, il applique à l'annotateur un procédé dont l'auteur

---

[1] Voy. tome II, p. 66 de cette édition ; tome I, p. 290 de celle de Lenglet.

lui-même est trop souvent victime, il le paraphrase [1], et, d'un sens très-clair, fait un faux sens, pire encore qu'un non-sens.

Nous pourrions multiplier ces critiques un peu vives, mais nous n'insisterons pas davantage sur des défauts qui, pour la plupart, tiennent au mauvais classement de certaines notes. Malgré ces imperfections, l'édition de Lenglet a été depuis son apparition et sera peut-être longtemps encore digne de la préférence que lui ont accordée les connaisseurs. Pour la détrôner du premier rang qu'elle occupe, il faudrait, en offrant une meilleure leçon du texte de Commynes, n'omettre aucun des documents groupés par Lenglet autour des mémoires de cet historien, et qui forment une sorte de bibliothèque historique à l'usage de ceux qui veulent étudier les règnes de Louis XI et de Charles VIII [2].

Le cercle étroit dans lequel il nous a été permis de nous mouvoir ne permettait point de songer à remplir la seconde de ces conditions. Du moins pouvions-nous tenter d'exécuter la première : nous l'avons essayé, et, à vrai dire, nous croyons y avoir réussi. Sauvage, Godefroy et Lenglet, le second surtout, avaient fait subir au texte de Commynes des rectifications parfois nécessaires, mais le plus souvent malencontreuses. Il nous a semblé qu'en agissant de cette sorte on méconnaissait les devoirs d'un éditeur, qui, suivant nous, consistent à reproduire, aussi fidèlement que possible, l'œuvre telle qu'elle est sortie des mains de son auteur. C'est à cela que nous nous sommes attachée : et quand, en

[1] Voy. tome I, p. 347, note 25 de son édition.

[2] Lenglet ayant presque toujours reproduit l'édition donnée par Godefroy, il faut appliquer à ce dernier les observations que, dans les notes, nous faisons parfois sur le texte de Sauvage adopté par Lenglet.

quelques rares endroits, il est résulté de notre scrupuleuse observation de ce principe que le récit avait moins de clarté chez nous que chez nos devanciers, nous avons mieux aimé la lui donner au moyen d'éclaircissements placés dans les notes que de remanier le texte sans autorité[1]. D'ailleurs, pour établir celui-ci, nous avons eu le secours de trois manuscrits appartenant à la Bibliothèque Royale[2] pour les six premiers livres, et de l'édition de 1528 pour les deux derniers; car nous n'avons pas été plus heureuse que nos prédécesseurs, et n'avons pu recouvrer aucun manuscrit de la chronique de Charles VIII.

On trouvera, dans nos notes, des preuves fréquentes du soin que nous avons apporté à la collation des divers manuscrits ou éditions. Quand plusieurs leçons acceptables résultaient de ce travail, nous avons cru devoir faire connaître celles-là même que nous n'adoptions pas. Les anno-

---

[1] On ne considérera pas, sans doute, comme un remaniement du texte, le soin que nous avons pris de rétablir partout une orthographe uniforme. Les premières éditions offrent beaucoup de différences dans la manière d'écrire un même mot. Nous avons adopté celle qu'elles ont le plus fréquemment employée et que, d'ailleurs, nous retrouvions dans des impressions contemporaines.

[2] Nous les avons fréquemment cités dans les notes, où (pour éviter la trop fréquente répétition et du fonds auquel ils appartiennent et du numéro sous lequel ils y sont inscrits) ils sont ainsi désignés : Ms. A, B, C.

Le premier (A) est un Ms. in-4°, sur vélin, qui fait partie de l'ancien fonds. Il est cotté 8438 ⁵.

Le second (B), moins anciennement entré à la Bibliothèque, y est classé dans le Supplément français sous le n° 1053. Il est aussi sur vélin, in-4°, mais imparfait de la fin.

Le troisième (C) est exécuté sur papier, in-4°. Il appartient à l'ancien fonds, n° 9683.

Ces trois manuscrits sont de la première moitié du XVIᵉ siècle.

tations de Godefroy, acceptées ou complétées par Lenglet, contenaient d'assez nombreuses erreurs en ce qui concerne la biographie des personnages mentionnés par Commynes ; nous les avons rectifiées autant que nous l'avons pu [1]. Nous avons pris à tâche surtout de prouver, par la production de témoignages contemporains, que notre historien méritait les éloges qu'un grand nombre d'auteurs, tant étrangers que nationaux, ont fait de sa sincérité. Godefroy avait eu l'heureuse idée de mettre une date au haut de chaque page pour faciliter les recherches : nous l'avons suivi en cela. Ce n'a pas toujours été chose facile ; car Commynes interrompt souvent le récit d'un événement pour en aller chercher les causes dans le passé, ou pour montrer quels en devaient être les résultats dans l'avenir. Dans ce cas, nous n'en laissons pas moins courir l'indication du millésime atteint lors de l'interruption : c'est dans les notes que nous assignons leur véritable date aux faits rappelés dans la digression. L'erreur qui consisterait à appliquer à cet ordre de faits la date placée au titre courant se trouve ainsi prévenue et rendue presque impossible.

Puisque nous parlons de dates, disons encore qu'en citant dans les notes, comme autorités, certains actes, certaines chroniques, nous les avons reproduits fidèlement. Lors donc qu'ils contiennent des dates, nous nous sommes bornés à signaler, lorsqu'il y avait lieu, l'emploi du vieux style. Il faut, dans ce cas, si l'on veut avoir la date réelle, c'est-à-dire celle du nouveau style, augmenter d'une unité le chiffre indiqué. Ainsi, par exemple (II, 109, note 1), le

[1] Quelques renseignements biographiques ne nous sont parvenus qu'après l'achèvement de l'impression des deux premiers volumes. On les trouvera dans la table des matières, à chaque nom auquel ils se rattachent.

11 février 1476 (v. s.) deviendra facilement le 11 février 1477.

Il est d'autant plus important de ne point perdre de vue cette recommandation que nous avons conservé aux divers documents réunis dans notre volume de *Preuves* les dates de l'ancien style lorsqu'ils les portaient, tout en les rattachant, comme nous devions le faire, à l'ordre chronologique du nouveau style. Citons encore un exemple. Nous disons au tome Ier, page 215, note 3, que la ville d'Amiens fut rendue le 31 janvier 1470 (v. s.) et renvoyons au volume de *Preuves* pour une relation de cet événement : c'est à la date du 31 janvier 1471 qu'à dû être placé et que l'on trouvera ce récit (voy. III, 272).

Nos deux premiers volumes renferment le texte des mémoires de Commynes et les notes qui s'y rapportent. En tête du premier, nous avons dû mettre la *Notice* historique sur l'auteur : elle contient quelques faits nouveaux, fruit de longues et persévérantes recherches. Nous plaçons à la suite une *Liste des ouvrages cités* par nous, et que, pour plus de brièveté, nous n'avons indiqués que par le nom de leurs auteurs. Dans le troisième volume, on trouvera les *Preuves*, que nous avons divisées en deux parties : la première renferme les pièces justificatives de ce que nous avançons dans notre travail sur Commynes ; la seconde tous les documents qui ont rapport aux Mémoires. Nous aurions voulu, si cela nous eût été possible, n'y rien admettre qui ne fût inédit : la majeure partie, du moins, satisfait à ce désir. Après les *Preuves* vient une ample *Table des Matières,* puis un *Errata* dans lequel nous avons tâché de rectifier toutes nos erreurs.

Durant le long cours de nos recherches, nous n'avons reçu qu'aide et assistance de la part des personnes préposées à la conservation de la Bibliothèque royale et des diverses sections des Archives du royaume : qu'elles veuillent bien agréer ici l'expression de notre vive gratitude. En province et à l'étranger même on a pris quelque intérêt à ce travail : M. H. Dusevel, d'Amiens, a mis à notre disposition, avec une obligeance qui ne nous a pas fait défaut un seul instant, un grand nombre de documents curieux dont notre édition s'est enrichie; l'archiviste du royaume de Belgique, M. Gachard, que nous n'avions l'honneur de connaître que par ses excellentes publications historiques, dont nous avons tiré grand profit, a bien voulu nous faire tenir celles qui pouvaient servir à rendre la nôtre moins imparfaite. Nous ne saurions trop les en remercier.

Des conseils, que nous avons religieusement suivis, nous furent donnés par le respectable M. Daunou. Il avait accueilli avec bienveillance et encouragé nos premiers travaux. Puisse sa mémoire vénérée protéger encore celui-ci!

NOTICE

SUR

PHILIPPE DE COMMYNES.

La ville de Commynes [1], placée aux confins de la France et de la Belgique, est située sur les bords de la Lys, qui la sépare en deux parties : celle de la rive droite appartient à la France, l'autre à la Belgique. Elle n'a plus aujourd'hui grande importance; mais jadis, et jusqu'à la fin du XVIIe siècle, elle était pourvue de bonnes fortifications et d'un château [2] détruits par les Fran-

---

[1] Le véritable nom est *Comines*, que l'on trouve souvent écrit *Commines*. Nous avons cru pouvoir adopter l'orthographe que fournissent le sceau et la signature de Philippe de Commynes. On a prétendu qu'il signait *Comyne* : c'est une erreur. Elle provient, sans doute, 1° de ce qu'on n'aura pas observé que, dans la signature (*Comynes*), l'*m* est toujours surmontée d'un signe d'abréviation ($\overline{m}$), et 2° de ce qu'on aura pris l'*s* final pour un paraphe. Deux fragments du sceau de Commynes sont conservés à la bibliothèque Royale. Nous les reproduisons, au moyen de la gravure sur bois, à la fin de cette *Notice*. Les petites-filles de notre historien orthographiaient ainsi que nous le nom de leur mère. (PARIS, *les Manuscrits français de la Bibliothèque du Roi*, IV, 10)

[2] Construit, ou peut-être seulement réédifié, en 1385. (LE PIPPRE, 253.)

çais en **1672**. Plusieurs nobles familles en possé-
dèrent la seigneurie que, vers **1373**[1], Jeanne de
Waziers, dame de Commynes et d'Halewin[2],
apporta en mariage à Nicolas, dit Colart de La
Clite[3]. Ce nom de Commynes, honorablement cité
au temps des premières croisades[4], était encore
assez imposant pour que le nouveau seigneur ou
du moins ses descendants, n'aient point hésité à
le substituer à celui de leur race[5]. Toutefois, ce
lustre nobiliaire n'aurait point suffi pour le tirer,
plus que tant d'autres noms, de l'obscurité des
archives généalogiques, si bientôt une illustration
plus grande n'était venue en raviver l'éclat.

[1] En cette année, Colart de La Clite est déjà qualifié *seigneur
de Commynes.* (Le Pippre, 259.)

[2] Aujourd'hui *Halluin,* département du Nord, arrondissement
de Lille, canton de Tourcoing.

[3] Les registres de Lille le désignent (1368 et 1394) comme
bailli de cette ville ; (1373 et 1376) chevalier de l'ordre, bailli et
gouverneur de la Flandre Walonne ; (1381 et 1386) commissaire
au renouvellement du Magistrat de la ville de Lille ; enfin (1382)
conseiller du duc de Bourgogne. Il mourut en 1404 et fut inhumé
à Commynes. (Le Pippre, 259-260.)

[4] « Quand Robert, dict le Frison, comte de Flandres, alla
(1085) à la terre saincte, parmy les principaux seigneurs qui l'ac-
compagnèrent fut un Bouchard de Commynes, qui y retourna en-
cores (1095) avec Godefroy de Bouillon et le comte de Flandres
Robert, dict de Hierusalem. » (Id., 259.)

[5] Id., 255.

Au château de Commynes, en l'année 1447[1], naquit l'historien célèbre dont la renommée a sauvé de l'oubli cette longue série de nobles aïeux. Son père[2], souverain bailli de Flandre, avait été reçu chevalier par le duc de Bourgogne le jour de la bataille de Saint-Riquier[3], le jour même où ce prince venait d'être armé des mains de Jean de Luxembourg; et peut-être cette circonstance, adroitement rappelée, décida-t-elle Philippe le Bon à faire au nouveau-né l'honneur de le tenir sur les fonts de baptême. Peut-être aussi cette faveur (dont, au reste, Philippe le Bon ne fut jamais avare,) fut-elle due au titre de conseiller et chambellan de ce prince, que nous trouvons

[1] J. Sleidan s'est trompé, et nous a induite en erreur (voy. ci-après p. 5, note 1), en plaçant à l'année 1509 la mort de Commynes, décédé deux ans plus tard; mais comme, à cette erreur près, il est ordinairement bien renseigné, surtout en ce qui concerne notre historien, nous acceptons ses données pour assigner cette date de 1447 à la naissance de Commynes, mort âgé de *soixante-quatre* ans.

[2] Nicolas, dit Colart de Commynes, seigneur de Renescure et de Saint-Venant, était, en 1429, gouverneur de Cassel (aujourd'hui chef-lieu de canton dans l'arrondissement d'Hazebrouck, département du Nord); bailli de Gand en 1432. Il succéda (1435) à Jean de Commynes, son frère aîné, dans la charge de souverain bailli de Flandre, qu'il conserva jusqu'à sa mort. (LE PIPPRE, 255.)

[3] Le 31 août 1421. (ID., 255; MONSTRELET, IV, 334.) Il y fut fait prisonnier. (ID., *ib.*, 336.)

quelque part[1] attribué à Colart de Commynes
On sait que le bon duc présenta son filleul
au baptême sous l'invocation du saint que lui-
même avait pour patron[2]. Un avenir plein
d'espérance semblait s'ouvrir devant le jeune
Commynes ainsi placé, dès sa naissance, sous
la protection d'un prince tout-puissant; mais
il ne devait point tarder à subir des pertes
cruelles. Marguerite d'Armuyden, sa mère, mourut presque en lui donnant le jour, et quelques années plus tard la mort de son père le
laissait complétement orphelin[3]. Ce dernier, qui

[1] Voir ci-après, page XVII, note 1.

[2] LE PIPPRE, 255, 257.

[3] Son père et sa mère furent inhumés dans l'église de Renescure, une de leurs seigneuries, située près de Saint-Omer, et faisant aujourd'hui partie de l'arrondissement et du canton d'Hazebrouck, département du Nord. Devant l'autel du chœur de ladite
église était placée une table de marbre sur laquelle on lisait :

« Cy gist noble et puissant seigneur messire Collart de Comisnes, seigneur de Runescure et de Saint Venant, en son temps souverain bailly de Flandres, qui trespassa l'an 1451, le 11 juing.

« Cy gist noble et puissante dame madame Marguerite de Trasengis, dame Dermue, en son vivante femme et espouse de messire Collart de Comisnes qui trespassa l'an 1447, le 12e jour d'octobre.

Priez pour leurs ames. »

Nous transcrivons fidèlement cette épitaphe collective d'après la
copie, certainement inexacte, que nous en fournit un manuscrit

avait assez mal administré la fortune publique confiée à ses soins [1], n'avait, à ce qu'il paraît, pas mieux géré ses propres affaires ; et sa succession ne dut être acceptée que sous bénéfice d'inventaire

de la Bibliothèque royale (*Épitaphes,* XXIII, 221 recto). Au lieu de 1451, nous croyons qu'il faut lire 1453 : car en 1452 Colart de Commynes vivait encore et relevait (conjointement avec Robert de Miraumont et Jean de Waziers) la terre et seigneurie d'Esvin. (Bib. roy., *Cabinet des Titres,* fonds Villevieille, au mot *Comines.*) Dès le 1ᵉʳ mars 1454 (1453 v. s.) sa charge de souverain bailli de Flandre était concédée à messire Josse de Halvin. (*Ibid.*)

[1] « Messire Colart de Commines, chevalier, seigneur de Reneschure, *conseiller, chambellan du duc de Bourgogne,* et son souverain bailli de Flandre, *étant mort reliquataire de certaine grosse somme envers le duc, tant pour la recette des exploits dudit souverain baillage que pour l'exécution criminelle de plusieurs coupables de la mort de feu messire Jean de Hornes,* après le retour du voyage de Calais, *et autrement,* le duc fit vendre sa terre de Reneschure, où se trouva de l'artillerie pour la somme de 598 liv., laquelle fut confiée à Pierre de Crecy, écuyer d'écurie du duc, qui la mena au voyage de Turquie. Les tuteurs de messire Philippe de Commines, pour lors mineur, et actuellement chevalier, chambellan et conseiller du duc de Bourgogne, fils dudit feu messire Colart, *renoncèrent à sa succession* et rachetèrent la terre et forteresse de Renescure : et depuis ledit messire Philippe obtint du duc, par lettres données à La Haye en Hollande, le 1ᵉʳ octobre 1469, une quittance et remise générale de tout ce qui pouvait être dû par sondit feu père, en récompense de ses services. *Chambre des Comptes de Lille,* registre XIVᵉ des chartes, fol. 29 verso. » (Bib. roy., *Cabinet des Titres,* fonds Villevieille, au mot *Comines.*)

I.   b

par celui à qui fut commise la tutelle de son héritier.

Le tuteur, nommé par le roi, tenait au jeune orphelin par des liens de très-proche parenté. C'était son cousin germain, Jean de la Clite, seigneur de Commynes [1], qui parvint, non sans peine, à conserver à son pupille une part de l'héritage paternel : part très-minime, si l'on considère l'importance des personnes, et qui ne monta, en fin de compte, qu'à la somme de deux mille quatre cent vingt-quatre livres seize sols, six deniers tournois [2].

Qu'il ait bien ou mal administré ces faibles débris d'un riche patrimoine, Jean de Commynes, à coup sûr, n'en doit aucun compte à la postérité [3]; mais

[1] « Monseigneur de Commines, *commis par le Roy à la tutelle et biens vacants de Philippes de Commines*, fils *aîné* et héritier de feu messire Colart de Commines, etc. V^e compte de Louis de Beauffremez, commencé à l'Ascension (16 mai) 1454. *Chambre des Comptes de Lille,* domaine de Lens. » (*Ibid.*) —« Monseigneur *Jean de Commines*, chevalier, etc., comme tuteur de Philippe de Commines, héritier *par bénéfice d'inventaire* de feu monseigneur Colart de Commines, etc. Compte d'Alleaume de Lomprey, commencé le 1er janvier 1454. *Chambre des comptes de Lille,* domaine de Saint-Omer. » (*Ibid.*)

[2] Voyez au tome III, parmi les *Preuves* de la présente *Notice,* celle qui porte le numéro XXXIX, p. 180-182.

[3] Ceci, hâtons-nous de le dire, n'est point un blâme jeté sur la gestion de Jean de Commynes; et c'est probablement à des diffi-

elle peut, à juste titre, s'enquérir de ce qu'il fit pour accroître un trésor non moins précieux, pour développer, enrichir, orner la jeune intelligence commise à ses soins. Le bon tuteur, à ce qu'il semble, ne s'en préoccupa pas plus qu'il ne convenait, absorbé qu'il était par des affaires plus positives. Son pupille reçut l'instruction que, sauf de rares exceptions, recevaient alors les enfants de la noblesse : grec ni latin n'en faisaient partie[1]. Les exercices du corps avaient le pas sur ceux de l'esprit. Peut-être bien, au sur-

cultés graves, qu'il serait aujourd'hui presque impossible d'expliquer, qu'il faut attribuer le long retard qu'éprouva la reddition de ses comptes de tutelle, qui, au 7 juillet 1519 (après la mort du tuteur et même du pupille), n'étaient pas encore régularisés. Voyez tome III, p. 180-182.

[1] Sleidan dit, et Commynes semble convenir lui-même qu'il ne savait pas le latin (I, 3). C'est donc à tort que Claude Du Moulinet, qui, vers 1688, dressait un *Inventaire des principaux manuscrits de la Bibliothèque de l'abbaye de Sainte-Geneviève*, y insère, fol. 15-16, la note suivante : « Deux grands volumes en velin des *Histoires de Valère Maxime*, mises en français. On ne voit pas le nom du traducteur, mais *il semble que ce soit Philippe de Comines et que ce soit icy son original*, à cause qu'on y voit ses armes et son chiffre. » Tout ce qu'on peut conclure de ceci, c'est que les deux volumes avaient appartenu à Commynes. M. Ferdinand Denis, qui a bien voulu nous signaler ce passage de l'*Inventaire*, a fait de vaines recherches pour les trouver. Il y a longtemps, nous dit-il, qu'ils ont cessé d'appartenir à la Bibliothèque de Sainte-Geneviève : un emprunt forcé les en a fait sortir en 1790.

plus, doit-on se féliciter qu'il en ait été ainsi pour Commynes. Les génies de cette trempe se forment eux-mêmes et vont d'autant plus vite et plus loin qu'ils n'ont rien d'inutilement acquis à oublier, ou de mal enseigné à désapprendre. Pour l'esprit sagace et méditatif du futur historien, il y avait plus de profit à tirer du grand livre du monde que de tous ceux de l'école. Ce livre ne tarda point à s'ouvrir devant lui.

La cour brillante et fastueuse de Philippe le Bon rivalisait alors, pour la magnificence et l'éclat, avec celles des plus puissants monarques. Commynes fut appelé sur ce vaste théâtre par son parrain, qui d'abord se l'attacha comme écuyer [1] et bientôt le laissa passer, avec le même titre, au service du comte de Charolais. Il venait d'atteindre sa dix-septième année [2], et sa jeune

[1] Le Pippre, 257. — On peut fixer, approximativement, à l'année 1463 l'entrée de Commynes à la cour du duc de Bourgogne, en observant 1° que Louis XI (qui la quitta en 1461) n'y était déjà plus lorsque Commynes y parut : « du temps de sa jeunesse ne sçauroye parler, sinon pour ce que je luy en ay ouy parler et dire. » (I, 2); et 2° que l'acte cité par Le Pippre, dans lequel Philippe le Bon le qualifie « nostre très cher et amé escuyer et filleul, » est daté de 1464.

[2] « Au saillir de mon enfance, et en l'aage de povoir monter à cheval, je fus amené à l'Isle (Lille), devers le duc Charles de Bourgogne, lors appellé conte de Charolois, lequel me print en son service : et fut l'an mil quatre cens soixante et quatre. » (I, 5.)

inexpérience fut aisément séduite par deux qualités dominantes de son nouveau maître, la confiance en soi-même et le courage, qui devaient
si promptement le conduire à la présomption
et à la témérité. Sous un tel prince, l'occasion
de prendre les armes ne se fit pas attendre
longtemps. Commynes le suivit en France lors
de la guerre du *Bien public* (1465), combattit
à ses côtés à la bataille de Montlhéry et ne le
quitta point durant le cours de cette rude journée, moins effrayé de son propre péril que de
l'audacieuse résistance des Français contre son
maître. « Et me trouvay, dit-il, ce jour tousjours
avec luy, ayant moins de crainte que je n'euz
jamais en lieu où je me trouvasse depuis, pour la
jeunesse en quoy j'estoye, et que je n'avoye nulle
congnoissance de péril ; mais estoye esbahy comme
nul se osoit deffendre contre tel prince à qui j'estoye, estimant que ce fust le plus grant de tous les
autres [1]. » Deux ans plus tard, il entrait dans Liége
avec le duc victorieux, et l'on peut croire que
c'est à cette époque qu'il fut armé chevalier [2].

Presque au retour de cette expédition, et peu

[1] I, 39.
[2] Voy. ci-après page 3, note 1.

de temps avant le mariage de Charles le Téméraire[1], Commynes fut pourvu de l'office de conseiller et chambellan de ce prince[2]. Les préroga-
tives de cette double charge lui assuraient, bien
qu'il n'eût encore que vingt ans, l'entrée au
conseil et une sorte de privauté respectueuse
avec son maître. Sans doute, les devoirs du
conseiller ne devaient pas être faciles à remplir
dans la maison d'un prince peu maniable et

[1] 16 février 1468.

[2] C'est dans un acte daté du 19 janvier 1468 (1467, v. s.)
que nous trouvons, pour la première fois, le nom de Commynes accompagné des qualifications suivantes : *chevalier*, conseiller et chambellan du duc de Bourgogne (voy. Preuve XLI,
tome III, p. 189). Par quels emplois passa-t-il avant d'obtenir cet
office? c'est ce qu'il serait peut-être impossible, et, dans tous
les cas, médiocrement utile d'établir complétement et avec certitude.

Cependant, pour ne rien omettre de ce qui le concerne dans les
documents que nous avons recueillis, notons que, par lettres données à Bruxelles le 9 octobre 1467, le duc de Bourgogne le qualifie
écuyer échanson et le nomme châtelain et garde du château de
Ruhoult, au comté d'Artois; qu'il fut mis en possession de cet office, par la chambre des comptes de Lille, le 11 janvier suivant
(renseignement communiqué par M. Le Glay, archiviste du Nord);
qu'il y succédait, enfin, à messire Allard, seigneur de Raboden-
ghes. (Compte de Guillaume d'Audenfort, commencé à la Saint-Jean
(24 juin) 1468. *Chambre des Comptes de Lille*, domaine de Saint-
Omer. Bib. roy., *Cabinet des Titres*, fonds Villevieille, au mot
Comines.)

qui « mesprisoit tout autre conseil du monde, sauf le sien seul [1]; » mais le chambellan, du moins, pouvait se faire agréer et parvenir à une familiarité assez intime. Commynes y réussit bientôt [2], soit qu'il ait tenté ce moyen indirect, mais

[1] *Mémoires*, I, 96.

[2] La familiarité du serviteur envers son maître daterait même de plus loin, s'il y avait quelque fonds de vérité dans une anecdote souvent et diversement racontée, qui fournit aux beaux esprits de la cour de Lille l'occasion de chansonner Commynes, et dont nous empruntons les différentes versions à Schoondorp, cité par Le Pippre (256) : « Retournant un jour de la chasse avec son maistre le comte Charles, enyvré de la grande faveur du comte, il s'assit en sa présence, et, se jouant, dict : « Monseigneur, à quoy tient-« il que ne me tirez les bottes? » ce que le comte fit, mais, d'un chemin, comme se jouant pareillement, il luy donna bien à certes des esperons à la teste : de façon qu'il fut depuis appellé en cour *la teste bottée.* Ce que j'ay ouy conter autrement, avec plus d'apparence, à un ancien gentilhomme qui disoit de l'avoir aprins de son père : à sçavoir que, retournant un jour de la chasse fort fatigué et las, il s'endormit en la chambre, demy courbé et appuyé sur le lict du comte qui l'y surprint; de quoy messire Philippe tout honteux se cuyda excuser, quand le comte luy dict : « Non, non, « demeure : je ne veux pas que tu bouges; mais tu n'es pas à ton « aise avec tes bottes, car il faut que je te les oste. » Et, demy par force, et jaçoit que l'autre contesta au contraire, il le débotta; puis, prenant les bottes, luy en donna contre la teste, avec ceste reproche : « Va, coquart, qui permis à ton souverain te débotter. » D'autres le content encore quelque peu autrement : que le comte de Charolois le treuvant en sa chambre, le voulut débotter, luy disant : « Tu me débotteras après, » et que l'ayant faict, au lieu

sûr d'acquérir quelque influence sur l'esprit du duc; soit que des rapports journaliers entre deux personnes qu'une trop grande différence d'âge ne séparait point aient tout naturellement amené ce résultat. L'influence dont il s'agit, et que nous n'entendons point exagérer, allait être soumise à une épreuve décisive et dans une circonstance très-mémorable.

Louis XI vint à Péronne, au mois d'octobre 1468, se livrer imprudemment à la merci de

de se laisser tirer les bottes, il le saisit et luy donna aux jambes force coups d'esperons, qu'il avait chaussez : de quoy il se sentit mal longuement. »

Le Pippre (263), à son tour, raconte ainsi l'aventure : « Iceluy retournant une fois de négocier assez heureusement, et survenant le prince à sa chambre, et n'y ayant pour lors de serviteur pour le débotter, luy aurait faict grand'instance de le faire : et y ayant (après beaucoup de refus) acquiescé, retournant le prince en soy-mesme et se souvenant de son estre, et de l'oubliance de son ministre, luy donna de la botte sur la teste. Autres disent qu'estant survenu à Charles une afaire qui le convioit à l'instant à monter à cheval, et messire Philippe de Commines luy accommodant à l'effet l'esperon au pied, et pour la haste le luy pressant par trop, esmeu d'angoisse, qu'il le conneut ou non, luy en auroit donné un coup au visage. » Voilà, de compte fait, cinq récits différents d'une seule anecdote. Que le lecteur s'en tire comme il pourra. Pour nous la dernière version est la plus acceptable. Le Pippre, qui ne se prononce pas, ajoute (*ibid.*) : « Si est-il certain que l'on en fit, à son blasme et dérision, une chanson en la cour qui lors estoit en ceste ville de Lille. »

Charles le Téméraire, contre lequel il agissait sous main en excitant les Liégeois à la révolte[1], Cette démarche le mit dans un péril d'autant plus grand que le duc, irrité d'une si audacieuse perfidie, n'était presque environné que de personnages animés contre le roi par de puissants motifs de haine. Les conseils les plus violents furent donnés et favorablement accueillis d'un prince qui, de sa nature, était assez enclin aux partis extrêmes. Commynes, aidé par quelques serviteurs du duc[2], en bien petit nombre, mais plus sensés, plus jaloux de l'honneur de leur maître, et, en somme, plus habiles que ces autres donneurs d'avis, parvint à calmer un peu cette tempête ; mais elle fut de nouveau et plus fortement soulevée. Au roi seul il appartenait de la détourner. Dans son premier effroi, il avait eu recours à des moyens de salut dont l'efficacité lui était bien connue : maintenant il ne s'agissait plus de répandre de l'or[3]; il fallait courber la tête.

[1] Voyez ci-après, p. 147-176, le récit de l'entrevue du roi et du duc de Bourgogne à Péronne.

[2] Deux valets de chambre, dont l'un, Charles de Visen, était garde des joyaux. Voy. ci-après, p. 162.

[3] « Le Roy faisoit parler à tous ceulx qu'il povoit penser qui luy pourroient ayder : et ne failloit pas à promettre, et ordonna dis-

Des propositions nombreuses, humiliantes lui allaient être faites ; il les fallait toutes accepter ; et cela sur-le-champ, sans réserve, autrement tout était perdu. Le duc se déshonorait en manquant à la foi solennellement jurée ; il retenait son hôte prisonnier ; il osait plus encore, peut-être, ainsi que semblaient l'espérer certains membres de son conseil[1]. Une heureuse inspira-

tribuer quinze mille escuz d'or ; mais celuy qui en eut la charge en retint une partie, et s'en acquicta mal, comme le Roy sceut depuis. » (*Mémoires*, I, 171.) Voici, que nous sachions, le seul passage des Mémoires de Commynes où il soit parlé des tentatives faites par le roi, durant son séjour à Péronne, pour gagner les serviteurs du duc de Bourgogne. C'est donc là seulement, si nous ne sommes dans l'erreur, qu'il faut chercher « la sorte d'attestation de désintéressement que se donne Commynes, en prétendant qu'à Péronne il fut le seul des courtisans de Charles le Téméraire qui refusa l'or de Louis XI. » (*Philippe de Comyne en Poitou*, 9.) Que cette prétention soit cachée sous les paroles de Commynes, nous le voulons bien ; mais nous avouerons qu'il faut des yeux plus clairvoyants que les nôtres pour l'y découvrir.

[1] Plusieurs opinions avaient été débattues au conseil, entre autres celle de s'emparer *rondement* et *sans cérémonie* de la personne du roi. « Aucuns aultres disoient qu'à dilligence on feist venir monseigneur de Normandie, son frère, et qu'on feist une paix bien advantaigeuse pour tous les princes de France. Et sembloit bien à ceulx qui faisoient cette ouverture que si elle s'accordoit, le Roy seroit restrainct, et que on luy bailleroit gardes, et que *ung si grant seigneur prins ne se délivre jamais*, ou à peine, quant on luy a faict si grant offense. » (*Mémoires*, I, 172.)

tion de Commynes sauva la France et son roi,
la Bourgogne et son duc des malheurs incalcu-
lables qu'eût enfantés un aussi fatal événement.
Il fit secrètement informer Louis XI[1] de tout ce
qui avait été résolu à son égard et des dangers
auxquels il s'exposerait par la moindre résistance
aux volontés du duc. Deux résultats importants,
également désirables pour tout loyal serviteur de
Charles le Téméraire, pouvaient être produits
par cette hasardeuse démarche. Elle obligeait
le duc à respecter le sauf-conduit accordé à
Louis XI, tout en lui assurant des avantages
aussi grands, plus grands peut-être que ceux
dont il eût pu se flatter en violant la foi jurée[2].

[1] I, 173.

[2] Le volume que M. Michelet a consacré à Louis XI contient la plus
judicieuse appréciation de ces avantages. « Ceux, dit-il, qui étaient
vraiment au duc de Bourgogne, son chancelier de Goux, le chambellan Comines, qui couchait dans sa chambre et qui l'observait
dans cette tempête de trois jours, lui firent entendre probablement
qu'il n'avait pas grand intérêt à donner la couronne à ce frère qui
depuis longtemps vivait en Bretagne. Risquer de faire un roi quasi-
Breton, c'était un pauvre résultat pour le duc de Bourgogne ; un
autre aurait le gain, et lui, selon toute apparence, une rude
guerre. Car, si le roi était sous clef, son armée n'y était pas, ni
son vieux chef d'écorcheurs, Dammartin.

« Il y avait un meilleur parti : c'était de ne pas faire un roi, —
d'en défaire un plutôt, de profiter sur celui-ci, tant qu'on pouvait,

L'événement prouva que Commynes avait bien calculé. Louis, on le sait, en passa, de la meilleure grâce du monde, par tout ce qu'il plut au geôlier d'exiger de son captif : si bien que le duc, qui, en l'abordant, avait le geste et la parole *aspres*, le quitta tout *esjoui*[1].

En partant de Péronne, et pour exécuter l'une des conditions qui lui étaient imposées, le roi dut marcher avec le duc de Bourgogne contre les Liégeois. Il avait fomenté leur révolte, il fallait qu'il subît la honte de contribuer à la punir. Commynes accompagna les deux princes dans cette expédition, et y eut sa part du pressant danger auquel ils se trouvèrent exposés. Il était couché, lui quatrième, dans la chambre de son maître, lorsqu'une bande de Liégeois, protégée par l'obscurité de la nuit, s'en vint fondre, à l'improviste, sur les logis de Louis XI et de Charles le Téméraire. Peu s'en fallut que cette sortie, habilement conduite, n'eût tout le succès que s'en étaient promis les assiégés : peu s'en

de le diminuer et l'amoindrir, de le faire, dans l'estime de tous, si petit, si misérable et nul, qu'en le tuant, on l'eût moins tué.

« Le duc, après de longs combats, s'arrêta à ce parti. » (*Histoire de France*, VI, 274, 275.)

[1] *Mémoires*, I, 174, 175.

fallut que les deux princes et leurs serviteurs ne trouvassent la défaite et la mort là où le triomphe devait être, croyait-on, si certain et si facile. Bien en prit au duc de n'avoir point suivi le conseil de quelques personnes qui « adviserent qu'il seroit bon de renvoyer une partie de l'armée, veu que ceste cité (de Liége) avoit les portes et les murailles rasees, dès l'an precedent, et que de nul costé n'avoient esperance de secours[1]. » Le roi, qui avait ses raisons pour cela, inclinait à prendre ce parti ; mais Commynes et d'autres prudents conseillers remontraient que « c'estoit tres mal advisé à ceulx qui en parloient de penser estre trop fors ; » que « c'estoit une grant espece d'orgueil, ou de follye[2]. » Leur avis prévalut, moins peut-être à cause de sa sagesse que parce que le duc était en grande *suspection* du roi.

L'alarme fut chaude et si soudaine qu'à peine Commynes et ses deux compagnons de chambrée eurent-ils le temps de mettre au duc «sa cuyrasse sur luy et une sallade en teste. » L'ennemi pressait de tous côtés, et, pour sortir dans la rue, on dut repousser les Liégeois, qui résolûment

[1] *Mémoires,* I, 177.
[2] *Ibid.*

assaillaient les portes et les fenêtres. Le nombre enfin l'emporta sur le courage : les Liégeois entourés de toutes parts furent mis à mort. Les choses se passèrent de même au logis du roi, vaillamment défendu par les Écossais de sa garde. Notons, en passant, que ces braves archers écossais, renommés entre tous pour leur adresse, furent à ce moment si malhabiles que de leurs nombreuses flèches «ilz blecerent plus de Bourguignons que de Liégeois[1].»

Dès le lendemain, la ville, attaquée sur deux points, fut prise, livrée aux flammes et abandonnée au pillage. La dévastation et le meurtre durèrent quatre ou cinq jours encore, après lesquels le roi commença «à embesongner ceulx qu'il tenoit pour ses amys envers ledict duc, pour s'en povoir aller[2].» Il partit bientôt, laissant le duc de Bourgogne poursuivre seul son œuvre de destruction.

Hâtons-nous de revenir à Commynes. Son père, on l'a vu plus haut[3], n'avait point été un administrateur irréprochable; il était mort reliquataire envers le duc de sommes importantes,

[1] *Mémoires*, I, 191.
[2] *Ibid.*, 198.
[3] Page xvii.

pour le recouvrement desquelles les agents de ce prince firent vendre l'une des propriétés du défunt, la terre de Renescure. Le produit de cette vente toutefois ne s'était pas élevé à une somme suffisante pour éteindre la dette. Commynes obtint, le 1er octobre 1469, en récompense de ses services, une quittance et remise générale de tout ce qui pouvait encore être dû au trésor ducal par la succession de son père[1]. L'année suivante, il fut chargé de remplir, auprès du capitaine de Calais, une mission très-simple d'abord, mais que les circonstances finirent par rendre fort délicate et même périlleuse. A un moment, le danger devint assez grand pour qu'il crût prudent de se munir d'un sauf-conduit, et qu'il informât son maître de l'inquiétude où il se trouvait. La réponse ne se fit pas attendre. Le duc lui envoya « une verge qu'il portait au doigt pour enseigne[2], » lui mandant, au surplus, de passer outre, et que s'il était fait prisonnier, il le rachèterait. Commynes avait eu raison de prendre ses sûretés d'autre part, car le duc, on le voit, « ne craignoit point fort à mettre en péril ung sien serviteur pour s'en ayder quant il

---

[1] Page XVII, note 1.
[2] *Mémoires*, I, 253.

en avoit besoing[1]. » La négociation, d'ailleurs, heureusement conduite, fut menée à bonne fin et au gré de tout le monde.

L'habile agent de ce traité fut, vers le mois de juillet ou d'août 1471, chargé d'une mission nouvelle. C'est là, du moins, ce qu'il nous semble permis d'inférer de quelques lignes d'un mémoire adressé au duc de Bourgogne par l'un des serviteurs du roi de France. Ce document est inédit, et, vu son importance, nous le placerons en entier parmi les Preuves de la présente édition[2]. Bornons-nous à en extraire ici ce qui concerne particulièrement Commynes. L'émissaire envoyé vers le duc avait charge de représenter à ce prince que monseigneur de Renescure, s'en allant à Saint-Jacques, n'a point passé par la cour de Louis XI, mais prend son chemin par les États du duc de Bretagne : « à quoy, ajoute l'auteur du mémoire, mondict maistre treuve le contraire de ce que je luy avoye dit. » « Commynes, dit le duc (qui répond à chaque article du mémoire par une brève et rude note marginale), Commynes a esté rencontré à Orléans, dont ne peut faillir de passer

[1] *Mémoires,* I, 253.
[2] Voy. tome III, 3.

par vous. » Nous ne tenterons point de découvrir quel était le but avoué ou secret du voyage de Commynes; il nous suffit d'observer qu'il était attendu par Louis XI et que son entrevue avec ce prince était autorisée par le duc de Bourgogne. Ce fut, de la part de ce dernier, une maladresse bien grande que de l'avoir permise; car, ainsi que le dit Molinet[1], la parole du roi « estoit tant douce et vertueuse qu'elle endormoit, comme la Seraine, tous ceux qui lui presentoient oreilles. » A cette remarquable dextérité de langage, Louis XI joignait, au dire de Commynes lui-même, une autre et non moins puissante force d'attraction : de tous les princes c'était celui « qui plus travailloit à gaigner ung homme qui le povoit servir ou qui luy povoit nuyre. Et ne se ennuyoit point à estre refusé une fois d'ung homme qu'il pratiquoit à gaigner; mais y continuoit, en luy promettant largement, et donnant par effect argent et estat qu'il congnoissoit qui luy plaisoit[2]. »

Commynes, que séduisaient d'ailleurs quelques grandes et véritablement royales qualités de Louis XI, se laissa prendre comme tant

___

[1] II, 61.

[2] *Mémoires*, I, 83.

I.   c d'autres à l'appât de faveurs promises, de dons reçus. Car nous n'hésitons pas à croire que ce fut à l'époque de ce voyage en France, qu'il plaça chez Jean de Beaune[2], marchand à Tours, une somme de six mille livres tournois, sur laquelle nous aurons à revenir tout à l'heure.

Les libéralités intéressées du monarque exigeaient du retour; et Commynes, sans doute, en échange des sommes acceptées, dut contracter l'un de ces engagements dont les témoignages écrits subsistent rarement, et dont les faits accomplis viennent seuls fournir les preuves. Quelle fut la nature de ces conventions? nous ne le saurions dire avec certitude; mais il nous paraît assez vraisemblable que les conditions du traité furent celles-ci : Louis XI assurait à Commynes, s'il consentait à quitter le service de Charles le Téméraire pour le sien, la même position auprès du roi de France, de conseiller et chambellan, qu'il occupait à la cour de Bourgogne; des terres et seigneuries, des charges et dignités nombreuses et de grand rapport; une pension annuelle de six mille livres tournois.

[1] Père du célèbre et malheureux Jacques de Beaune, baron de Samblançai.

Il se faisait fort, enfin, de lui donner en mariage l'une des riches héritières du royaume.
Certes, il y avait dans ces offres de quoi éblouir
un homme jeune et plein d'ambition : la *Sirène*
avait endormi bien des consciences à moins de
frais.

Commynes accepta les conditions du traité.
Mais de retour en sa patrie, un sentiment bien
naturel d'hésitation le retint : il reculait devant
l'accomplissement définitif du marché. Louis XI,
cependant, pressait chaque jour davantage : le
rusé monarque ne pouvait consentir à n'avoir
fait que d'inutiles tentatives de séduction. Si
Commynes lui échappait, il fallait au moins
que l'argent lui demeurât. Un membre du Parlement, conseiller du grand conseil, maître
Pierre Clutin, eut charge de se transporter au
domicile de Jean de Beaune, et d'y saisir, au
nom du Roi, les six mille livres tournois qui
avaient été confiées à ce banquier par Commynes [1]. Ce fut un coup habile et décisif. L'éclat
de cette saisie devait mettre et mit en effet Commynes dans la dure alternative de voir ses *pra-*
tiques (comme on disait alors) divulguées, sans
en recueillir le fruit, ou de ne s'en assurer les

[1] Voy. tome III, 7.

bénéfices qu'en mettant de côté les scrupules qui le retenaient. Il prit ce dernier parti, qui était devenu le plus sûr, et, dans la nuit du 7 au 8 août 1472[1], abandonna pour jamais la Bourgogne. Le roi était alors au Pont-de-Cé : son nouveau serviteur l'y joignit.

Des jugements bien divers ont été portés sur cet acte de la vie de Commynes : les uns sont trop rigoureux, les autres trop indulgents pour être acceptés sans appel. Quelques écrivains [2] semblent avoir oublié que la raison et la justice veulent qu'en pesant les actions des hommes on tienne compte des temps où ils ont vécu, des exemples journaliers qu'ils eurent sous les yeux; quelques autres [3] ne point se souvenir que si l'équité commande de prendre en considération toutes les circonstances d'un fait que l'on juge, il est néanmoins tel acte qu'une saine morale ne doit jamais complétement absoudre. Pour nous, tout en laissant peser sur Commynes le blâme mérité que sa défection lui fit encourir, nous remarquerons que les juges sévères qui l'ont condamné auraient rendu leur

[1] Voy. tome III, 11.
[2] Meyer, Voltaire, Duclos, La Fontenelle de Vaudoré.
[3] Godefroy, Lenglet, Durozoir, Laurentie.

autorité plus grande, s'ils avaient moins cherché
à prouver trop contre lui. Pour n'en citer qu'un
seul, où Voltaire a-t-il pris que Commynes,
avant de passer au service de France, *avait
longtemps vendu les secrets de la maison de
Bourgogne au roi*[1]? N'est-ce point là une allé-
gation inconsidérée? de quelle preuve écrite,
de quel témoignage contemporain est-elle étayée?
d'aucun. Si, comme l'a dit Voltaire lui-même,
avec raison, l'on ne doit aux morts que la vérité[2], du moins la leur doit-on aussi bien qu'aux
vivants; et ce n'est pas la dire, c'est l'outrager,
au contraire, que de leur imputer des crimes
non prouvés, si répréhensibles qu'ils puissent
être d'ailleurs[3]. Que si l'on invoque la vraisemblance, nous répondrons d'abord que la dignité
de l'histoire, en cas pareil, exige que l'on ne
s'appuie point sur le vraisemblable, mais sur le
vrai seul; nous demanderons ensuite si, depuis
l'entrevue de Péronne jusqu'à la retraite en
France de Commynes (1468-1472), les affaires

[1] XVI, 518.

[2] II, 18.

[3] Qu'on ne se méprenne point sur la portée de ces paroles. Nous
blâmons la défection de Commynes; mais dans une juste mesure.
Que n'est-ce là le reproche le plus grave que l'on soit en droit de
faire à sa mémoire!

de Louis XI furent dans un état assez prospère pour que l'on puisse raisonnablement supposer que ce prince ait dû quelques légers avantages à la trahison du chambellan de Charles le Téméraire.

La confiscation de tous les biens, meubles et immeubles, que laissait Commynes en quittant sa patrie, était une conséquence inévitable et prévue de sa résolution. Dès le jour même du départ, à six heures du matin, le duc de Bourgogne faisait don au seigneur de Quievrain de tous les droits et actions qui appartenaient au fugitif à l'encontre du seigneur de Trazegnies et de ses biens, en vertu d'une sentence de la cour de Mons[1]. Mais ce que Commynes perdait d'un côté, il allait le recouvrer d'un autre, et au centuple. A peine arrivé à la cour de Louis XI, il reçoit d'abord le titre de conseiller et chambellan du roi; peu après une pension de six mille livres tournois lui est assurée, « en manière qu'il ait de quoy entretenir honorablement son estat[2]; » il est pourvu de la charge de capitaine des château et donjon de la ville de Chinon[3]; enfin, il lui est fait don

[1] Voy. tome III, 11.
[2] *Ibid.*, 20.
[3] *Ibid.*, 26.

de la riche principauté de Talmont, dont l'importance était accrue par ses nombreuses dépendances, Olonne, Curzon, Château-Gaultier, et
auxquelles furent à l'instant ajoutées les châtellenies, terres et seigneuries de Bran et Brandois[1].
Pour augmenter encore la valeur de ces dons, la
ville des Sables, comprise dans la seigneurie d'O-
lonne, fut exemptée de toutes tailles, à la charge
par les habitants de la clorre et fortifier[2].

Avant de poursuivre la narration des faits qui
doivent trouver place dans cette Notice, il convient de faire ici un temps d'arrêt, un peu long
peut-être, mais indispensable en ce qu'il portera
à la connaissance du lecteur quelques détails dont
l'ignorance ne lui permettrait pas de bien comprendre la suite de notre récit. On a pu remarquer, si l'on a pris la peine de recourir au volume des *Preuves*, que les lettres de Louis XI,
portant don à Commynes de la principauté de
Talmont et de ses dépendances, bien que datées
du mois d'octobre 1472, ne furent enregistrées
au parlement que le 13 décembre 1473, et à la
cour des comptes que le 2 mai 1474. La lenteur
des formalités judiciaires avait-elle, seule, été la

---

[1] Voy. tome III, 29.
[2] *Ibid.*, 33.

cause de ces retards ? non. Des oppositions qui n'étaient que trop bien fondées, comme on le verra tout à l'heure, avaient empêché Commynes d'entrer plus tôt en jouissance des libéralités du roi. Ce dernier ne possédait qu'à titre très-contestable les terres et seigneuries de Talmont, Olonne, Curzon, etc., dont il venait de gratifier son nouveau chambellan. Force nous est de remonter un peu haut pour dérouler la série d'actes violents et arbitraires qui avaient accru le domaine royal de cette riche dépouille de la maison d'Amboise. Le dernier représentant mâle de cette illustre famille, Louis d'Amboise, vicomte de Thouars, avait donné le jour à trois filles, dont l'aînée, Françoise, fut demandée en mariage par Georges de La Trémoille (alors ministre tout-puissant de Charles VII), qui la destinait à l'aîné de ses fils. Mais déjà un parti plus avantageux s'était offert, et mademoiselle d'Amboise était promise à Pierre de Bretagne, second fils du duc régnant. Le ministre ne vit pas sans dépit une si riche héritière échapper à sa convoitise. Blessé d'ailleurs par la manière hautaine avec laquelle lui avait été signifié le refus, il conçut un projet de vengeance qu'il ne tarda point à mettre à exécution. Sous prétexte d'un attentat à sa liberté de

la part du vicomte de Thouars, il le fait arrêter
et constituer prisonnier au château de Poitiers.
Le parlement siégeait alors dans cette ville. Georges de La Trémoille en obtint un arrêt, rendu le
8 mai 1431, qui déclara le seigneur d'Amboise
criminel de lèse-majesté comme atteint et convaincu d'avoir entrepris de se saisir de la personne du roi en arrêtant le seigneur de La Trémoille, son ministre, et d'avoir voulu, par ce
moyen, s'emparer de la direction des affaires de
l'État et mettre gens à sa dévotion ; le condamna,
comme tel, à la peine de mort et prononça la confiscation de tous ses biens. Cette dernière partie
du jugement fut seule exécutée, la peine de mort
ayant été commuée par le roi en une détention
perpétuelle. Mais cette captivité même, qui devait
être perpétuelle, cessa au bout de trois ans, grâce
à l'intervention officieuse de la reine, Marie d'Anjou. Avec la liberté, Louis d'Amboise recouvra
bientôt (septembre 1434) la vicomté de Thouars
et ses autres terres, à l'exception de la principauté de Talmont, des seigneuries d'Amboise,
Château-Gaultier, Olonne, Bran et Brandois.
Plus tard (janvier 1438), Charles VII déclara que la malveillance seule ayant dirigé les
persécuteurs du seigneur d'Amboise, condamné

sans forme de procès, il le rétablissait dans la possession de tous ses biens qui étaient encore retenus. Toutefois, cette restitution n'était faite qu'à certaines conditions dont une seule nous importe, celle de ne marier point sa fille aînée sans le congé du roi. Cette permission fut-elle obtenue? on doit le présumer, car peu de temps après avoir été réintégré dans ses biens, le vicomte de Thouars célébrait le mariage de cette fille aînée avec le duc Pierre de Bretagne. Sa troisième fille, Marguerite d'Amboise, épousa le prétendant évincé de Françoise, ce même Louis de La Trémoille, qui naguères avait été la cause involontaire des malheurs du vicomte; et cette alliance, comme on le va voir, fit passer aux La Trémoille tous les biens de la maison d'Amboise. En ratifiant, par acte du 22 août 1446, le contrat de ce dernier mariage, Louis d'Amboise assigna à Marguerite, pour sa part future dans la succession paternelle, les terres de Talmont, Bran, Olonne, Curzon, Château-Gaultier, la Chaume, les Sables et Marans, dont il se réservait pourtant l'usufruit. Dans sa vieillesse, le vicomte de Thouars se livra aux plus folles prodigalités et à des déréglements tels, que ses enfants se virent contraints de poursuivre son interdiction. Il ne se rendit pas sans combattre, et répondit aux inculpations dont on le chargeait que le duc et la duchesse de Bretagne n'étaient mus que par le mécontentement de n'avoir pu le résoudre à leur donner la terre de Thouars ; que d'ailleurs la procédure intentée contre lui était irrégulière attendu que, vu sa qualité et qu'il était issu de la maison de France, il devait être jugé par le roi et la cour « dûment assemblée de pairs. » Le parlement, passant outre, défendit provisoirement au vicomte d'aliéner ses biens et de faire aucun traité sans le conseil et consentement de maître Robert Thiboust, alors président en la cour. Cet arrêt est du 16 janvier 1457. Le procès durait encore lorsque Louis XI monta sur le trône ; il lui sembla facile d'exploiter à la fois les faiblesses et l'irritation du vicomte. Ce dernier, mandé par le roi, se rend à Tours auprès du monarque, qui lui propose de marier la duchesse de Bretagne, devenue veuve, au duc de Savoie, et le charge de négocier cette alliance. La duchesse répondit à ces ouvertures par un refus net et formel ; et, pour couper court à toute espérance de la réduire, elle vint aux pieds des autels prononcer le vœu de ne se remarier jamais. Louis XI accueillit fort mal le malheureux négociateur et l'effraya tellement par ses menaces et la violence

de ses reproches que Louis d'Amboise, dupe
de cette feinte colère, ouvrit sans peine l'oreille
aux conseils de quelques courtisans, et consentit,
pour rentrer en grâce, à donner au roi le vicomté
de Thouars. Mais pour que cette donation fût
valable, il fallait faire cesser l'état d'interdiction
prononcé par la cour en janvier 1457. Cet obstacle n'en devait pas être un pour Louis XI.
L'affaire fut évoquée au conseil qui, par son arrêt
du 5 septembre 1462, cassa celui du parlement.
Ainsi rentré dans la libre disposition de ses
biens, Louis d'Amboise *vendit* au roi le vicomté
de Thouars moyennant cent mille écus, qui devaient être payés dans la huitaine. L'acte de vente
stipulait, en outre, pour le vicomte, la jouissance
viagère de ce domaine, etc. Dix mille écus lui
furent comptés quelques jours après la signature
du contrat, et Louis XI reçut en échange une
quittance générale de toute la somme. La duchesse
de Bretagne se hâta de protester en justice contre
cette spoliation mal déguisée; mais bientôt, ayant
pris le voile, elle céda tous ses droits à Louis de
La Trémoille, son neveu, fils aîné de sa sœur Marguerite. Quant à Louis d'Amboise, après avoir
passé les dernières années de sa vie dans de honteux désordres, il mourut enfin le 28 février

1470. A peine conservait-il encore un souffle
de vie, lorsque, en exécution des ordres du
roi, Jacques de Beaumont, seigneur de Bressuyre, s'en vint, à la tête d'une trentaine de gen-
tilshommes, investir le château de Thouars, d'où
il lui était prescrit de tenir éloignés les enfants,
la femme, les parents et les amis même du mou-
rant. Il suivit ces commandements à la lettre; et
ce fut au milieu de cette foule étrangère, livré
aux soins de médecins choisis par le seigneur de
Bressuyre, que Louis d'Amboise rendit le dernier soupir. Quelques notables habitants de la
ville assistèrent à ses funérailles, ordonnées par
Jacques de Beaumont, qui fit aussitôt inventorier
les meubles et titres, s'emparant au nom du roi
du vicomté de Thouars, ainsi que de tous les
autres biens. Tels étaient les droits de Louis XI
aux propriétés dont il venait d'enrichir Commynes. Le chef de la famille dépouillée s'opposa,
tant au parlement qu'à la chambre des comptes, à
l'enregistrement des lettres du roi; mais, après
quelques résistances, les deux cours souveraines
furent enfin contraintes à céder. Commynes prit
possession des dons de Louis XI, qui devaient
être pour lui la source de longs ennuis, la cause
de tristes et scandaleux procès.

Tant d'honneurs, tant de richesses dédommageaient certes fort amplement Commynes des pertes qu'il avait éprouvées en quittant le sol natal. Louis XI, cependant, ne devait point borner là les preuves de sa gratitude. Un mariage avantageux, qu'il avait préparé de longue main, vint bientôt assurer de nouveaux biens au prince de Talmont. C'est la qualité que prend Commynes, dès le 27 janvier 1473, en passant le contrat de son mariage[1] avec Hélène de Chambes, fille aînée des seigneur et dame de Montsoreau. La dot de la future s'élevait à la somme de vingt mille écus d'or, ou vingt-sept mille cinq cents livres tournois, dont Commynes fut payé au moyen de l'abandon consenti à son profit par les sieur et dame de Montsoreau et par Jean de Chambes, leur fils[2], des château, ville, baronie, terre et seigneurie d'Argenton[3]. Ce riche domaine et ses

[1] Voy. tome III, 38-53. Cet acte est le seul où nous voyons Commynes qualifié prince de Talmont.

[2] M. de La Fontenelle de Vaudoré se trompe (*Philippe de Comyne en Poitou*, p. 17) en faisant intervenir au contrat une sœur aînée, qu'il nomme Hélène. Ce prénom appartenait à la femme de Commynes, dont la sœur *cadette*, *Jeanne* de Chambes, épousa plus tard Jean de Polignac, seigneur de Randan.

[3] Argenton-Château, chef-lieu de canton dans l'arrondissement de Bressuire, département des Deux-Sèvres.

dépendances [1] ayant, toutefois, une valeur beaucoup plus grande que la somme stipulée comme formant la dot d'Hélène de Chambes, celle-ci et le prince de Talmont, son futur époux, déclarent entrer en communauté de biens dès le jour même de la signature dudit acte de mariage, et acquérir lesdites terres et seigneuries aux prix et somme de trente mille écus d'or, la plus-value constituant la dot. Les deux tiers du prix de vente furent immédiatement versés par Commynes qui, pour garants des dix mille écus d'or restant à payer, offrit cinq des principaux serviteurs de Louis XI, savoir : Pierre d'Oriole, chancelier de France, Jean Hébert, seigneur de Houssevillier, général de France, Jean Bourré, seigneur du Plessis-Bourré, Gilles le Flameng et Guillaume de Cerisay, notaires et secrétaires du roi. Tous les cinq s'obligèrent personnellement envers les vendeurs, et, dans la journée même, payèrent la somme au moyen des deniers royaux. Le premier versement, on

[1] Ces dépendances se composaient des châteaux, châtellenies, hôtels et seigneuries de La Motte de Compos, La Motte-Boisson, Villentras, Lairegodeau, Le Brugnon en Gatine, Vausselles, Gourges, Précigné, Souvignes, Agenois et La Vacherasse, tous assis en Poitou.

le pense bien, avait été fait à l'aide des mêmes
ressources [1].

A tant de bienfaits, Louis XI joignit un don
qu'il ne prodiguait pas, celui de sa confiance.
Commynes, apparemment, sut s'en montrer digne,
car les faveurs du roi continuèrent à pleuvoir sur
lui. Nous ne pouvons ni ne voulons les mention-
ner toutes : on en peut voir le dénombrement
aux *Preuves* de cette Notice [2]. Signalons seulement ici l'office de sénéchal de Poitou, en novembre 1476 [3], et la capitainerie du château
de Poitiers, au mois de février 1477 [4]. Un crédit aussi soutenu ne pouvait manquer d'exciter
la jalousie, la haine même des courtisans : de
ceux surtout qui n'entraient qu'avec peine en
partage d'une influence qu'ils étaient incapables
de conquérir par des services d'un ordre aussi
élevé que ceux de Commynes. L'envie, conçue
dans l'âme d'un homme tel que Tristan l'Ermite,
pouvait produire les résultats les plus funestes;
d'autant plus que le nouveau favori n'était point
de nature à s'arrêter volontairement dans la route

---

[1] Voy. tome III, 183.
[2] *Ibid.*, 182–188.
[3] *Ibid.*, 60-63.
[4] *Ibid.*, 63-67.

d'honneurs qui s'ouvrait devant lui, et cherchait à peine à dissimuler son dédain pour l'indigne rival qui voulait lui barrer le passage. Bientôt la cour fut comme partagée en deux camps, dont chacun soutenait les prétentions du chef qu'il avait choisi ; et la prudence de Louis XI dut intervenir pour rétablir la paix entre deux serviteurs qui, à des titres différents, lui étaient également nécessaires [1].

On était sûr de plaire à ce prince et de recevoir des marques de sa munificence en lui apportant le premier quelque grande nouvelle ; les habiles n'y manquaient pas et se tenaient à l'affût [2]. Commynes fut des premiers à lui annoncer le résultat de la bataille de Morat (22 juin 1476) [3]. Deux cents marcs d'or furent sa part de récompense. Aucun message ne pouvait être plus agréable au roi, si ce n'est celui qui vint, quelques mois plus tard, lui donner l'assurance de la perte totale du duc de Bourgogne, après le désastre de Nancy (5 janvier 1477). Le duc avait été trouvé

[1] C'est sur l'*autorité* seule de Thévet que nous pouvons nous appuyer ici : il n'est pas inutile de le remarquer. Voy. LENGLET, IV, II, 174.

[2] *Mémoires*, II, 70.

[3] *Ibid.*, 71.

I.   *d*

mort sur le champ de bataille. A ces nouvelles, avant même que l'on sût si Charles le Téméraire survivait à sa défaite, Louis XI ressentit une joie telle qu'il en perdit presque contenance [1]. Aussitôt le bâtard de Bourbon, amiral de France, et Commynes sont expédiés en Picardie, avec pouvoirs nécessaires pour attirer et remettre en l'obéissance du roi tous ceux qui s'y voudraient rendre [2]. Le projet de Louis XI était de diriger une armée sur la Bourgogne, de s'emparer du pays au nom du duc, pour le lui conserver en l'arrachant aux *Allemands*, qui l'occupaient depuis leur victoire. Commynes semble ajouter foi à ces desseins qui, réels ou simulés, n'eurent pas longue durée; car la nouvelle positive de la mort du duc de Bourgogne ne tarda point à venir à la connaissance du roi et modifia complétement sa politique.

Commynes, cependant, et le bâtard de Bourbon se dirigeaient sur Abbeville, ayant eu le soin d'y envoyer, à l'avance, un émissaire, chargé de préparer les voies d'accommodement. Malgré leur diligence, ils avaient été prévenus, et quand ils arrivèrent dans la ville, le peuple en livrait déjà

[1] *Mémoires*, II, 71.
[2] *Ibid.*, 74.

les portes au seigneur de Torcy. Aussitôt les deux
plénipotentiaires se rendirent à Doullens, d'où
ils firent sommer Arras de se soumettre à l'autorité du roi. Commynes partit seul pour suivre
cette négociation ; mais toute son adresse échoua
contre la loyauté des habitants d'Arras, qui re-
fusèrent formellement de reconnaître d'autre souverain que leur jeune duchesse. Il se contenta
de travailler sous main à gagner le plus possible
de partisans à son maître. C'était, au surplus, le
but principal de sa mission. Toutefois, elle avait
été donnée sur la simple annonce de la déroute
de Charles le Téméraire. La nouvelle certaine de
la mort de ce prince avait, comme nous l'avons
dit, changé totalement les résolutions du roi. Il
ne s'agissait plus pour lui de préserver la Bourgogne de l'invasion des Allemands ; il voulait
prendre possession du comté pour en distribuer
les seigneuries à ses serviteurs. L'échec devant
Arras lui fut d'autant plus désagréable que plusieurs autres négociateurs avaient mieux réussi :
Guillaume de Bische, par exemple, à Péronne.
Son valet de chambre, Olivier, se faisait fort de
réduire en son obéissance la ville de Gand ;
Robinet d'Odenfort répondait de Saint-Omer.
Le roi, flatté de ces promesses et croyant déjà

tenir ces places, comparait le mince résultat de la mission confiée à Commynes à l'heureuse issue dont lui répondait le zèle de ces habiles serviteurs. Le seigneur du Lude et d'autres, interpellés, excités par le roi, abondaient dans son sens ; et tout ce que put faire Commynes, ce fut d'élever quelques doutes sur la facilité avec laquelle on viendrait à bout de ces fortes villes.

Il connaissait le pays mieux qu'aucun autre membre du conseil. Son avis, bien connu du roi, était d'assurer à la couronne la possession des riches domaines convoités plutôt *par bon titre, par mariage ou par vraie amitié,* que par les voies qu'on se préparait à suivre. Louis XI comprenait bien, sans doute, la sagesse de ces conseils ; il les avait approuvés : mais la facilité avec laquelle il venait de réussir presque partout à s'emparer de places importantes l'avait jeté dans une sorte d'enivrement. Commynes persistait à croire que la sage lenteur des négociations et des alliances était préférable aux chances hasardeuses qu'on allait tenter, parce qu'en maintenant le royaume en repos elle lui garantissait d'une manière plus sûre ses pacifiques conquêtes. Ces avis de la prudence, malignement interprétés, importunaient le roi, dont le parti était pris. Sous le prétexte d'une mission dans le Poitou, sur les frontières de la Bretagne, il éloigna le malencontreux conseiller. C'était une véritable disgrâce. Les courtisans le sentirent bien et s'en divertirent. L'un d'eux, le seigneur du Lude, s'en vint même, en raillant, tenir à Commynes ce discours : « Or, vous en allez-vous, à l'heure que vous devez faire vos besongnes ou jamais, veu les grans choses qui tombent entre les mains du Roy, dont il peut agrandir ceux qu'il ayme? et au regard de moy, je me attens d'estre gouverneur de Flandres et m'y faire tout d'or [1]. » Ces moqueries, quoique *saigement dites*, affligèrent Commynes. Il n'avait, ainsi qu'il l'avoue ingénuement, nulle envie de rire [2], craignant que le roi ne fût de moitié dans ces railleries. Une chose mit le comble à ses inquiétudes. Il avait écrit en Haynaut pour y faire des partisans à son maître : un de ses parents le vint trouver, porteur de l'adhésion de plusieurs personnes notables qui s'engageaient à livrer les principales villes et places du pays. Commynes, avant son départ, transmit ces offres à Louis XI qui les refusa nettement, pensant qu'il aurait bien tout sans le secours de ces chevaliers. Il eut à se

[1] *Mémoires*, II, 87.
[2] *Ibid*.

repentir de ces mépris : « Car, dit Commynes, je l'ay veu depuis qu'il les eust bien estimez, s'il les eust pu finer [1]. »

Au reste, la mauvaise humeur du roi ne dura guère, et ses libéralités envers le seigneur du Lude ne l'empêchèrent point de songer à Commynes. Celui-ci reçut une assez bonne part dans la distribution que ce prince fit à ses favoris des biens confisqués sur Jacques d'Armagnac [2].

Vers la fin de l'année 1477 [3], ou peut-être (mais au plus tard) au commencement de l'année suivante, il fut envoyé en Bourgogne à la tête des pensionnaires de la maison du roi, auxquels, pour la première fois, Louis XI donnait un *chef* [4]. C'est avec ce titre que Commynes partit pour sa mission, dont il ne fait pas connaître l'objet. De nouvelles tracasseries l'attendaient en ce pays, et son séjour n'y fut pas long. Cette riche province de Bourgogne était malheureuse en gouverneurs. Au seigneur de Craon, que ses rapines avaient fait révoquer, venait de succéder Charles d'Am-

----

[1] *Mémoires,* II, 89.
[2] Voy. tome III, p. 67-74.
[3] Vieux style. L'année 1478 commençait le 22 mars.
[4] *Mémoires,* II, 196.

boise, seigneur de Chaumont, *très-vaillant homme et saige*, mais non moins avide que son prédécesseur, et usant de ce pays fertile *comme s'il eust esté sien*[1]. Commynes, qui rapporte ces faits, les enregistre plutôt qu'il ne les blâme. S'il s'élève contre les brigandages du seigneur de Craon, c'est avec une prudente réserve, et parce que ces *pilleries, à la vérité, estoient trop excessives*[2]. L'esprit de tolérance qu'il semble mettre dans son récit prête quelque vraisemblance aux accusations dont lui-même devint bientôt l'objet. Il fut dénoncé au roi comme épargnant *aucuns bourgeois de Dijon touchant le logis des gens d'armes*. Sans doute cette peccadille n'eût pas suffi, au moins toute seule, pour nécessiter son rappel ; mais cela, *avec quelqu'autre petite suspection*, dont le discret historien ne révèle pas les motifs, détermina Louis XI à l'envoyer *très-soubdainement à Florence*[3].

Aussitôt ses lettres reçues, Commynes se mit en route, voyageant avec rapidité et ne s'arrêtant que le moins possible : deux ou trois jours seulement à Turin, pour saluer la duchesse ; autant

[1] *Mémoires*, II, 190, 191 et 195.
[2] *Ibid.*, 190.
[3] *Ibid.*, 197.

à Milan. Dans cette dernière ville, suivant ses instructions, il avait à réclamer, au nom de son maître, l'exécution d'un traité d'alliance offensive et défensive qui engageait le gouvernement milanais envers les Florentins. Le secours qu'il sollicitait fut accordé libéralement et de bonne grâce[1]. Il partit donc promptement pour Florence, où il arriva dans les derniers jours du mois d'avril 1478. Une émeute formidable, mais rigoureusement comprimée, venait d'ensanglanter cette ville : on en peut lire le récit dans les Mémoires mêmes de Commynes[2]. Si sa mission n'avait pour but de mettre obstacle à cet événement, elle tendait, au moins, à témoigner de l'intérêt de la France pour la cause des Florentins (ou, pour mieux dire, des Médicis), alors menacés par une ligue puissante, à la tête de laquelle étaient le pape Sixte IV et le roi de Naples. Cette faveur hautement avouée ne nuisit point aux protégés de Louis XI, mais une bonne armée eût été encore plus efficace. Commynes ne l'amenait point et n'avait à manier que les armes de la diplomatie. Il s'en servit du mieux

---

[1] La duchesse de Savoie lui avait pareillement accordé un secours de trois cents hommes d'armes. (GUICHENON, *Hist. de Savoie,* II, 145.)

[2] II, 198-205.

qu'il put, et, à ce qu'il paraît, au gré de la partie intéressée [1].

Après quelques mois [2] de séjour soit à Florence même, soit dans les villes de son territoire, il dut songer au retour ; mais, avant son départ, il renouvela, avec les ambassadeurs du duc de Milan, les anciens traités d'alliance entre la France et le duché. L'acte de ce renouvellement fut passé à Florence, le 18 août 1478 [3] : Commynes et Laurent de Médicis le signèrent comme représentants du roi de France. C'est au même titre, et le 7 septembre suivant, que notre historien reçut de Jean-Galéas-Marie, nouveau duc de Milan, les foi et hommage dus par ce prince pour les duchés de Gênes et Savone, dont Louis XI était seigneur suzerain.

Un temps assez long s'était écoulé depuis que Commynes, par suite de ces missions diverses, avait quitté la cour. A son retour, il fut frappé

[1] Voy. tome III, 335-339.

[2] Quatre mois environ. Commynes, on vient de le voir, arriva à Florence vers la fin d'avril 1478 : il l'avait quittée, et se trouvait à Milan dès le 7 septembre suivant. De là, il revint en France. Il y a donc une erreur dans le passage des Mémoires (II, 204) où il dit qu'il demeura *ung an* à Florence : nous aurions dû la signaler.

[3] Voy. tome III, 324-335. C'est par erreur qu'en tête de ce traité on a mis la date (13 juillet) des lettres de Louis XI qui y sont rapportées. Il est du 18 août.

du changement survenu en la personne du roi,
qu'il trouva « ung peu envieilly, » et commençant
« à soy disposer à malladie. » Il reçut, au reste,
un fort bon accueil de ce prince, qui *l'entremit
de ses affaires plus qu'il n'avait fait jamais,* et,
ce qui était le comble de la faveur, le fit coucher
avec lui [1].

Cette faveur ne devait plus s'arrêter ; mais,
avant d'en enregistrer ici les nouvelles marques,
il nous faut rétrograder un peu vers le passé
pour aborder enfin le récit de bien déplorables
faits.

Nous avons dit par quels iniques et violents
procédés Louis XI s'était emparé des biens de
Louis d'Amboise; on a vu que le seigneur de La
Trémoille, au nom de ses enfants mineurs, s'opposa de tout son pouvoir à l'envoi en possession
de Commynes pour la part de ces dépouilles qui
lui était échue en partage; on se rappelle que le
parlement, après une honorable résistance, avait
enfin cédé; mais, le lendemain même de son acte
de soumission aux ordres du roi, il consignait

----

[1] *Mémoires,* II, 205. C'est à cette époque de sa vie que Commynes fait allusion quand il parle du temps qu'il passa à Paris,
*avec le roy Loys, demy an sans bouger, logié es Tournelles, man-
geant et couchant avec luy ordinairement* (I , 74).

sur ses registres sa protestation première et dé-
clarait que son adhésion ayant été forcée ne pouvait aucunement porter préjudice aux droits des
La Trémoille, en faveur desquels il renouvelait
ses réserves. Ceux-ci d'ailleurs n'y renonçaient
point ; ils poursuivaient au contraire leurs récla-
mations avec une courageuse persévérance. Commynes possédait, il est vrai ; mais, troublé dans
sa possession par des procédures incessantes, il
somma le procureur du roi, aux termes des lettres
patentes qui lui faisaient don des biens contestés,
de le garantir de tous troubles et empêchements
dans sa jouissance [1]. Le procureur du roi intervint
en effet ; et dès lors le procès, en apparence du

[1] D'après la teneur des lettres patentes à l'enregistrement desquelles s'opposaient les héritiers de La Trémoille, le procureur du
roi devait garantir Commynes de tout trouble ou empêchement de
la part de ceux qui auraient ou prétendraient avoir quelques droits
sur les terres et seigneuries en question. Pour entraîner les juges,
cet agent royal rappela sans doute les faits mentionnés au préam-
bule desdites lettres : savoir le service rendu par Commynes à
Louis XI , que, *sans crainte du danger qui lui en pouvoit alors
venir, il advertit de tout ce qu'il pouvoit pour* son *bien*, mettant
ainsi et exposant *sa vie en aventure* pour le roi (III , 12-13).
L'avocat des mineurs de La Trémoille répondait à cela que « se le
dict de Commynes avoit revelé aucunes conspiracions faictes contre
le Roy.... dont par ses dictes lettres estoit faicte mencion, il n'a-
voit faict que ce qu'il devoit faire , attendu qu'il estoit *né de ce*

moins, n'exista plus qu'entre Louis XI et ceux
qu'il avait spoliés. Le parlement, avec une indé-
pendance qui l'honore, saisissait tous les moyens,
tous les prétextes pour conserver aux opprimés
quelque parcelle de leurs anciens domaines. Un
grand nombre de ces biens avaient été vendus au
roi par le dernier possesseur; mais Louis d'Amboise était en état d'interdiction quand il les avait
aliénés ; mais cette vente même était simulée. Les
La Trémoille en fournissaient des preuves sur-
abondantes. Poussé dans ses derniers retranche-
ments par l'activité, et quelquefois par le succès
de leurs démarches, Louis XI invoqua les anciennes lettres de confiscation données par son
père contre Louis d'Amboise. Si depuis les biens

royaume : autrement de l'avoir cellé en deust avoir esté pugny
comme crimineulx de crime de leze majesté; » que cependant « se
recompense en devoit avoir, de raison ce ne devoit estre des heri-
tages des dicts mineurs, et ne les povoit le Roy, soubz couleur de
ce, priver de leur droict successif, au moins sans les recompenser
de la valleur d'icelluy. » (Archives du royaume, section judiciaire,
Parlement, accords, carton clvi, 8 mai 1480.) Ces prétentions
étaient on ne peut mieux fondées; mais Louis XI, malheureusement, les avait prévues. Ses lettres prescrivent de maintenir Commynes en jouissance, sauf à récompenser les réclamants, « si
trouvé estoit que raisonnablement faire se deust. » Il paraît qu'aucun des conseillers du roi ne fut assez hardi pour trouver cela *rai-*
sonnable.

avaient été rendus à ce seigneur, c'était, disait-on au nom du roi, à des conditions qui n'avaient pas été remplies : celle, entre autres, de ne point marier Jeanne d'Amboise sans l'agrément de Charles VII. Cette permission, répondaient les La Trémoille, avait été obtenue ; et ils demandaient à en établir la preuve. Où l'auraient-ils puisée ? aux archives du château de Thouars, sans doute : dans le chartrier de cette ancienne demeure de leurs aïeux.

Louis XI, on doit s'en souvenir, avait ordonné au seigneur de Bressuyre de s'emparer de ce château dès les premiers symptômes de la maladie de Louis d'Amboise. Aucun membre de la famille du défunt, pas même sa veuve, n'avait pu y pénétrer. Un inventaire très-sommaire de tout ce qui s'y trouvait fut dressé hâtivement, et l'on s'était bien gardé d'y détailler ce que contenaient les armoires aux chartes. Pour soutenir les *droits* de son domaine contre les revendications obstinées des La Trémoille, et pour conserver un faux-semblant de justice tout en se livrant à la plus révoltante iniquité, le roi nomma une commission d'enquête chargée de rechercher dans les archives de Thouars s'il ne s'y trouvait point quelques lettres qui pussent lui servir dans son procès. « Le sire de la Tremoille plaide contre moi, dit-il au seigneur de Bressuyre, touchant Thouars et Tallemont, et autres seigneuries; il faut que vous voyez s'il n'y a point de lettres qui me servent au procez[1]. »

La commission[2] procéda soigneusement à la visite des papiers qui concernaient la déplorable affaire, les lut avec attention, les divisant en deux liasses différentes, suivant qu'ils étaient contraires ou favorables aux prétentions du roi. L'inspection terminée, tout ce qui avait été retenu fut remis entre les mains du seigneur de Bressuyre, pour être porté à Louis XI. Parmi ces documents, il s'en trouvait deux dont l'importance avait dû frapper tout le monde : ils émanaient de Charles VII et accordaient au vicomte de Thouars, l'un, la restitution de tous les biens confisqués qui ne lui avaient pas encore été rendus; l'autre, la permission de marier sa fille au prince de Bretagne ou à tel autre

---

[1] Voy. tome III, p. 106.

[2] Elle était, à ce qu'il semble, présidée par le seigneur de Bressuyre, et se composait de Jean Chambon et Pierre Framberge, maîtres des requêtes de l'hôtel du roi; Louis Tindo, secrétaire de ses finances; Commynes et quelques autres.

qu'il lui plairait. L'inventaire minutieux auquel
on venait de se livrer avait donc pour premier
résultat de ruiner de fond en comble l'argumen-
tation principale du défenseur de Commynes
et du procureur du roi, laquelle consistait à
nier l'existence des deux actes ainsi découverts.
Produites en justice (et comment en empêcher la
production, une fois qu'elles étaient connues?)
les lettres de Charles VII assuraient définitivement le triomphe des La Tremoille. Commynes
le comprit : il s'en effraya. S'il avait invoqué la
teneur des lettres patentes qui lui faisaient don
des propriétés en litige, c'était moins pour assurer son droit de recours contre le roi (il ne
pouvait avoir aucune crainte à cet égard), que
pour se faire contre les revendications qui le
troublaient un formidable rempart de l'autorité
royale. C'était, lui semblait-il, une barrière
contre laquelle viendraient se briser tous les efforts. Elle allait être rompue, cependant. Ces
biens qu'il avait considérablement améliorés
depuis quatre années qu'ils étaient en sa possession; dont, par son industrie et par suite
d'immunités accordées par Louis XI, il avait
augmenté la valeur, laquelle tendait à s'accroître
de jour en jour; qui, enfin, confinaient aux

domaines dont son mariage l'avait enrichi, il allait s'en voir dépouillé. Alors une pensée mauvaise, odieuse, s'empara de son esprit. Il saisit entre les mains du seigneur de Bressuyre les lettres fatales et les jeta au feu[1]. Jean Chambon,

[1] Si nous n'avions pour garant de ce fait que le témoignage du sieur de Bressuyre (III, 108), prévenu contre Commynes, nous aurions hésité à l'admettre ; mais il est malheureusement consigné dans la déclaration de J. Chambon, auquel nous ajoutons foi. Cette déclaration nous manquait lorsque nous imprimions nos Preuves (voy. III, 119). Nous l'avons retrouvée depuis ; la voici :

Le vendredy suiuant, VI fevrier.

« Honorable homme et saige maistre Jehan Chambon, conseiller et maistre des requestes ordinaires de l'hostel du Roy, aagé de soixante ans ou environ, tesmoing produit par le dict seigneur de La Tremoille, dit que, visitant les lettres de Thouars, quant messire Philippe de Commynes ouyt dire à il qui deppose, et à autres qui les visiterent, qu'il y en avoit une de la restitution de Thalemont et l'autre de la permission de mariage, iceluy de Commynes les print et les jetta au feu. Et lors il qui deppose dit que c'estoit tres mal faict, et se leva hastivement et les retira dudict feu : et dit qu'il ne voudroit point estre present à telles choses, mais conseilla que l'on les portast devers le Roy. Et ne set depuis que devindrent lesdictes lettres, sinon qu'il ouyt depuis dire aux dessusdicts que ledict feu roy les avoit jettées au feu. Et est bien recors que, certain temps apres, ledict feu seigneur luy dit, ainsi que dessus a dit, que lesdictes lettres n'estoient en ciel ny en terre : et, en disant cela, luy monstra le feu qui estoit en la chambre, en se sousriant ; et adoncques luy feit faire le serment de non reveler ledict cas, comme il avoit feit faire aux

l'un des commissaires, les en retira sur-le-champ,
en se récriant avec indignation contre cette
coupable conduite. La commission se sépara.
Mais la majeure partie de ses membres se rendit

autres dessusdicts. Dit outre que, deux ans apres ou environ, le
procez dudict Thalemont durant, ledict feu seigneur, estant à Bou-
tigny, feit venir il qui deppose en une chambre à part et luy dit
qu'il falloit qu'il allast à Paris poursuivre ledict procez audict parlement; lequel il qui deppose avoit ja poursuivy par aucun temps,
par le commandement dudict feu seigneur. Et disoit ledict feu seigneur que il se esbahissoit comme il duroit tant. Et il qui deppose
luy feit responce qu'il y avoit beaucoup de difficultez audict procez,
car lesdicts de La Tremoille mettoient en faict que la dicte seigneurie
de Thalemont avoit esté restituee par le feu roy Charles, son père,
dès l'an xxxvɪɪ, au vicomte de Thouars, leur pere ou aïeul, lequel
en aurait joy, par ce moïen, sa vie durant, et que les lettres de
restitution estoient audict Thouars en la puissance dudict feu roy
Loys : et par ainsi n'en povoient riens monstrer ; mais ils trouve-
roient bien gens qui en depposeroient qu'ils avoient veu lesdictes
lettres. Et alleguoient beaucoup d'autres choses parquoy ledict
procez ne povoit estre sitost expedié. Et aussi dit, il qui deppose,
audict feu Roy, ces mots ou semblables : « Sire, vous savez bien
« comme il va desdictes lettres, et la conscience y gist. » Et lors
ledict feu roy Loys demanda à il qui deppose s'il avoit point parlé
au sieur de Cran, entendant qu'il l'eust suborné ou fait dire les
paroles dessus dictes : et il qui parle luy respondit que non, mais
le disoit pour soy acquitter envers luy. Et lors il qui deppose luy
supplia que, attendu qu'il avoit son ymagination sus luy, que il ne
l'envoyast point à Paris. Et alors ledict feu seigneur luy jura et
affirma que il n'avoit point d'ymagination sus luy, en luy disant
que, au regart de ce qui avoit esté faict desdictes lettres, il ne luy

auprès du roi à Saint-Martin de Cande, où il séjournait alors. En l'abordant, on lui rendit compte du résultat de la mission, et sur l'observation de Commynes, que parmi les pièces dont le seigneur de Bressuyre était porteur, il s'en trouvait deux qui *ne servoient pas bien à la matière,* le roi dit : « Où sont-elles, sieur de Bressuyre? » puis, les prenant, les jeta dans l'âtre, en disant : « Ce n'est pas moi qui les brusle, c'est le feu. » Après quoi il exigea de

en devoit challoir. Et disoit ledict seigneur, comme il semble à il qui deppose, que l'on luy avoit dit que lesdictes lettres n'estoient pas expediees ny verifiees comme elles devoient estre, et, par ce, ne povoient nuyre. Et, quoy qu'il peust remonstrer, eut la charge de aller à Paris pour ladicte matiere. Et dit, par sa foy et sus sa conscience, que si il eust pensé prouffiter à la partie, il eust dès lors dit et declaré les choses dessus dictes à aucunes gens, secretement, pour le faire assavoir ausdicts de La Tremoille ; mais voyant que, en ce faisant, il eust peu plus nuyre à la partie et à luy que prouffiter, il n'en parla oncques jusques à l'opportunité du temps.

« Enquis si lesdictes lettres estoient signees et scellees, a depposé avoir leu de mot à mot lesdictes lettres de permission, signees du roy Charles, comme il luy semble, et contresignees de maistre Jehan Burdelot, secretaire. Et disoit le roy que le feu roy Charles avoit fait signer audict Burdelot ladicte lettre du temps que Harecourt estoit en auctorité : dit aussi que lesdictes lettres de permission estoient scellees d'ung petit scel rouge. » *Signé* Blosset. (Bibl. roy., ms., *fonds Gaignières,* n° 677, fol. 12-14.)

tous ceux qui étaient présents le serment de ne jamais rien divulguer de ce qu'ils avaient vu.

Ainsi furent anéantis les seuls actes qui pussent établir le droit des La Trémoille à protester contre la spoliation dont ils étaient victimes. Ces choses se passaient vers le mois d'octobre 1476 : on hésita d'abord à user des armes qu'on venait de forger; mais quinze ou seize mois plus tard, l'ardeur des La Trémoille ne s'apaisant pas, le roi songea enfin à tirer parti de la situation qu'il avait faite. Il résolut d'envoyer Louis Tindo à Paris, pour terminer enfin le différend; puis, changeant aussitôt d'avis, il voulut confier à Jean Chambon les soins de cette affaire. «Ah! sire, dit cet honnête homme, vous savez bien que c'est grant charge de conscience d'avoir bruslé les lettres qui servoient à ceste matiere pour les povres enfants de La Tremoille! Comment pourrois-je faire honnestement la poursuite?....... et alors lui respondit qu'il iroit à la poursuite dudict procez et qu'il n'en parlast pas : lequel Chambon, tantost après, par le commandement dudict seigneur, alla à Paris poursuivre ledict procez, et fut l'arrest donné au proffit du roy et...... de Commynes.»

Comme il arrive souvent, cet arrêt[1] ne sa-
tisfit aucune des parties, le seigneur d'Argenton
moins que personne. Il se trouvait bien maintenu dans la jouissance de Talmont, Château-
Gaultier et Berrye; mais Olonne, Curzon et la
Chaume, que Louis d'Amboise avait données en
dot à sa fille, étaient adjugées aux La Tremoille,
comme appartenant à leur héritage maternel.
Commynes voyait, par cette sentence du parlement, tous ses projets bouleversés : «Cette sorte
de souveraineté maritime qu'il voulait se créer en
bas Poitou et qu'il s'était plu à représenter à son
maître comme pouvant former, pour le com-
merce et les desséchements, une nouvelle Flandre, était de beaucoup réduite. N'avoir pas
Olonne et la Chaume était se priver de ce port
où il comptait attirer tant de navires et où ils ne
tardèrent pas en effet à arriver par centaines;
perdre Bran et Brandois, ancienne viguerie du
moyen âge, c'était renoncer à dessécher des
marais productifs; restituer Curzon était remettre un point qui offrait les deux avantages
signalés[2]. » Et toutefois comment se sous-

---

[1] Rendu le 21 juillet 1479.

[2] La Fontenelle de Vaudoré, *Philippe de Comyne en Poitou,*
31-32.

traire à l'exécution des ordres de la justice? Son génie, fertile en expédients, lui sug-
géra ce moyen. Louis XI, à son instigation, fit
proposer à Louis de La Trémoille les terres de
Marans, l'île de Ré, Mauléon, la Chaise le Vicomte, Vierzon et Issoudun, en échange de
celles dont le parlement avait reconnu ses enfants propriétaires. L'offre de transaction fut
repoussée : elle devait l'être, car c'était une sorte
d'insulte au malheur. Des seigneuries proposées,
deux seulement, Vierzon et Issoudun, ne pro-
venaient point des dépouilles de la maison
d'Amboise. Ce refus ne découragea pas Commynes. Ce que le père avait rejeté, peut-être
bien, pensa-t-il, pourrait-on le faire accepter à
ses enfants. Ces jeunes gens, quoique mineurs
encore, approchaient de l'âge auquel la jeune
noblesse songeait à prendre rang parmi les
hommes de guerre : leur oisiveté forcée leur
pesait. Louis XI ne les voulait point admettre
à son service, malgré les pressantes sollicitations
de leur beau-frère, le bâtard du Maine, seigneur de Mazière. On leur fit entrevoir la possi-
bilité pour eux de vaincre la résistance du monarque, de se le rendre bienveillant même, par
leur condescendance à ses volontés. C'était en

quelque sorte faire acte d'adhésion à tout le passé : ils le comprirent et s'y résignèrent, en apparence, du moins.

Cependant, comme ils étaient mineurs, il fallait donner à leur consentement un semblant de valeur légale. Le roi, par ses lettres données à Pluviers le 27 avril 1480, commit plusieurs personnes pour s'entendre avec eux sur ce sujet[1]. Il fut arrêté que le bâtard du Maine serait nommé curateur de ses beaux-frères pour faire et passer en leur nom, avec le roy, les traités et accords exigés. L'acte qui nomme le seigneur de Mazière à cette curatelle et l'accord lui-même furent dressés le 8 mai 1480, le premier par Robert de Foville, lieutenant général du gouverneur d'Orléans, le second par Anthoine Roillart, garde de la prévosté de cette ville[2].

[1] Les considérants de ces lettres sont dignes de remarque. Si les différends survenus entre Louis XI et Louis de La Tremoille sont « en aventure de ne prendre jamais, au moins de long-temps, fin ne conclusion, » c'est, y fait-on dire au roi, « obstant la distance de cette ville de Pluviers et autres lieux, esquels pour le bien de nous et de nostre royaume convient et avons deliberé nous transporter, et le lieu où demeure le dict de La Tremoille, que aussi l'indisposicion de sa personne, sans dangier de laquelle il ne peut travailler ne aller loing de son hostel. » (ARCHIV. DU ROY., *Parlement*, Accords, carton CLVI.)

[2] *Ibid.*

Commynes et Louis XI en étaient venus à leurs fins; mais ils avaient affaire à gens aussi rusés qu'eux, et s'étaient pris à leur propre piége. Avant de se rendre chez le garde de la prévôté d'Orléans, les La Tremoille avaient fait libeller par-devant notaire un acte préservatif des droits auxquels ils allaient renoncer : ils y déclaraient que, contraints de céder à la violence morale exercée sur eux, ils protestaient à l'avance contre ce qui pourrait être fait[1].

[1] La Fontenelle de Vaudoré , *Philippe de Comyne en Poitou,* 32-33. — Le père des mineurs de La Tremoille, de son côté, se mît en mesure de pouvoir, un jour à venir, protester contre l'acte illégal qui lui enlevait la tutelle de ses enfants. Nous devons à l'obligeance de M. Marchegay, archiviste du département de Maine et Loire, la communication du document qui constate ce fait. Le voici :

« In nomine Domini. Amen. Tenore presentis publici instrumenti cunctis pateat evidenter et sit notum quod, anno ejusdem domini millesimo quadringentesimo octuagesimo, indictione decima tertia, mensis vero maii die decima octava, pontificatus sanctissimi in Christo patris et domini nostri Domini Sixti, divina providentia pape quarti, anno nono, in nostrorum notariorum publicorum testiumque infrascriptorum, ad hæc vocatorum specialiter et rogatorum, presentia, propter hoc presens et personaliter constitutus magnarum nobilitatis et prudenciæ vir Ludovicus, dominus de Trimolia, comes de Benon ac dominus de Sulliaco et de Lussono, consiliarius et camerarius domini nostri regis, fecit, dixit, provocavit et appellavit modo et forma sequenti :

« Pour ce que nous, Loys, seigneur de La Trimoille, aians la

Peu de jours après la transaction qui faisait rentrer aux mains du roi les seigneuries restituées naguère à leurs possesseurs légitimes, ce

« garde, gouvernement, cure et administration, tant de droit que
« de coustume, de nos très chers et bien amez Loys, Jehan et
« Jaques, nos enfans mineurs de ans et de feue nostre très chere
« et bien amee espouze Marguerite d'Amboize, en son vivant fille
« de feux messire Loys d'Amboize, vicomte de Thouars, et son
« heritiere seulle et pour le tout, avons esté advertiz que par le
« gouverneur d'Orleans ou maistre Robert de Foville, son lieute-
« nant general, a esté porveu de tuteur ou curateur à nosdits en-
« fans, qui est contre raison et nos droiz, et ont esté contrains
« passer certains contraulx, renonciacions et alienations de leurs
« droiz et heritaiges, ou grant prejudice de nous et de nosdits en-
« fans : pour ces causes et aultres ad ce nous movans, en la pre-
« sence de vous notaires, personnes publicques, des choses des-
« susdites, leurs circonstances et deppendences ainsi faictes, et de
« tout ce qu'il s'en est ensuivi ou ensuivra en temps à venir en
« nostre prejudice et de nosdits enfants ; et ad ce que, oudit temps
« à venir, n'en puisse ensuivir aucun inconvenient à nous ne à nos-
« dits enfans, appellons là où poons et devons et que de droit et
« coustume faire poons et devons, protestant que pour ce que, à
« present, pour plusieurs causes à declairer en temps et lieu ne
« poons ou ozons appeller dudit lieutenant à sa personne, ne pour-
« suir ladite appellacion que ce ne nous prejudice, icelle appella-
« cion poursuir en temps et lieu et toutes et quantes foiz que con-
« guoisterons que faire le pourrons et serons oiz ad ce faire. Et de
« ce à vous notaires en requerons instrument. »

« Quibus sic dictis, nos notarii predictum instrumentum fecimus
et eidem domino appellanti dedimus sub hac forma.

« Acta fuerunt hec in castro de Sulliaco dicti domini appellantis,

prince en renouvela le don à Commynes, par
lettres patentes[1] à l'enregistrement desquelles

sub anno, indictione, mense, die et pontificatu predictis, presenti-
bus ibidem nobilibus ac venerabilibus et discretis viris Egidio de
Razine et Stephano Chenu, scutiferis, ac dominis Johanne Guerin,
presbytero ecclesie collegiate dicti loci de Sulliaco, canonico, et
Georgio Robin, curato ecclesie parocchialis de Donnamaria supra
Lupam, diocesis senonensis, testibus ad hæc vocatis et rogatis.

« Et ego Nicolaus Le Long, presbyter constanciensis dyocesis,
in juribus canonico licenciatus et civili baccalarius, auctoritate
apostolica venerabilisque curie aurelianensis notarius juratus,
premissis omnibus et singulis, dum sic ut supra scripta sunt agerentur, dicerentur et fierent, una cum suprascriptis testibus et notario subsignato presens interfui, eaque omnia et singula super-
scripta sic fieri vidi pariter et audivi. Ideo huic presenti publico
instrumento, manu dicti notarii subsignati fideliter scripto, et per
nos viso et inspecto, signum meum publicum et assuetum hic me
propria manu subscribendo apposui, in fidem et testimonium om-
nium et singulorum premissorum requisitus pariter et rogatus.

« Le Long.

« Et quia ego Johannes Payelle, clericus tornacensis, in jure
canonico baccalarius publicus, apostolica et imperiali auctoritati-
bus, curiarumque aurelianensis et tornacensis notarius juratus,
dum premissa agerentur et fierent una cum notario suprascripto
et testibus infra descriptis presens fui, eaque sic fieri vidi et
audivi. Idcirco presens publicum instrumentum mea manu propria grossatum super hoc confeci signoque et subscriptione meis
publicis ac consuetis signavi et subscripsi, in fidem ac testimonium
premissorum requisitus et rogatus.

« Payelle. »

[1] Données à Buno, au mois de mai 1480, elles furent enregis-

aucun obstacle ne pouvait être mis, soit par le parlement, soit par la cour des comptes, grâce au simulacre de légalité dont l'accord entre les parties était revêtu.

C'était le temps de la haute faveur de Commynes : elle semblait ne pouvoir s'accroître. Un terrible accident, qui menaça, pour un moment, de lui enlever son royal protecteur, devait pourtant l'augmenter encore. Au mois de mars 1481 [1], Louis XI fut frappé d'une attaque d'apoplexie qui, pendant quelques instants, lui ravit la parole, la mémoire, le sens. Dès qu'il revint à lui, il se fit ramener aux Forges [2], et son premier soin fut de mander l'official de Tours, pour se confesser, et Commynes que ses affaires retenaient en son château d'Argenton. Celui-ci accourut, et, sur l'ordre du roi, exprimé par signes, car la parole n'était pas encore revenue assez facile, il coucha dans sa chambre et le servit « pendant l'espace de quinze

trées au Parlement le 31 juillet de la même année, et à la chambre des comptes le 26 août suivant. Voy. III, 74-79.

[1] Nouveau style. L'indication mise au haut des pages 212-217 est fautive : il faut lire [1481].

[2] « Ce mal luy print en une petite paroisse, à ung quart de lieue de là, où il estoit allé ouyr la messe. » (II, 212.)

jours à table et à l'entour de sa personne, comme varlet de chambre [1]. »

Au bout de deux ou trois jours, Louis XI recouvra le sens et la parole, mais trop imparfaitement encore pour que les soins de Commynes ne lui fussent pas indispensables : car lui seul le savait bien comprendre. Il fallut même qu'il servît d'interprète à l'official de Tours pour lui faire connaître l'état de conscience de son royal pénitent, « car aultrement ne se fussent entenduz. » Les affaires publiques demeurèrent en souffrance quelque peu, durant le cours de la maladie, bien que le roi se fît lire les principales dépêches par Commynes et dît quelque mot ou fît « signe des responces qu'il vouloit qui fussent faictes, » mais personne ne se hâtait d'exécuter ces ordres douteux. « Nous faisions peu d'expéditions, en attendant la fin de ceste malladie ; car il estoit maistre avec lequel il falloit charrier droict. »

---

[1] Ce « que je tenoye à grant honneur, ajoute Commynes, et y estoye bien tenu. » (II, 213.) Ces sentiments de gratitude nous semblent avouables, et leur expression n'a rien qui nous choque. M. de La Fontenelle de Vaudoré y trouve une preuve d'abjection. « On voit, dit-il, que tout était bon, que tout était honorable pour Comyne, quand il était question de capter, de plus en plus, les bonnes grâces de son maître. » (*Philippe de Comyne en Poitou,* 35.)

Le roi se rétablit enfin, quoique lentement, et assez pour pouvoir aller, vers le milieu de l'année, inspecter des troupes réunies par ses ordres près le Pont-de-l'Arche. De là il s'en vint à Tours, « auquel lieu luy reprint sa malladie : derechief perdit la parolle, et fut quelque deux heures que on cuydoit qu'il fust mort ; et estoit en une gallerie, couché sur une paillasse[1]. » Les serviteurs dont il était entouré, du Bouchage, Commynes et quelques autres, le vouèrent « à monseigneur sainct Claude...... : incontinent la parolle luy revint, et sur l'heure alla par la maison[2]. » Bientôt il reprit ses courses habituelles, et fit une excursion jusqu'en un des domaines de Commynes. Il demeura tout un mois au château d'Argenton, plus longtemps peut-être qu'il ne l'avait projeté ; mais la maladie l'y retint. Ces royales visites sont d'ordinaire un honneur fort dispendieux pour qui les reçoit : il n'en fut pas ainsi pour le chambellan de Louis XI. Déjà le prince avait largement contribué à l'embellissement du château qu'il venait d'habiter. De nouvelles lar-

[1] *Mémoires,* II, 219-220.
[2] *Ibid.,* 220.

gesses[1], qui ne devaient pas être les dernières, permirent à son hôte de poursuivre l'œuvre de réparation commencée. D'Argenton, le roi se rendit à Thouars, y fit quelque séjour, retenu encore par la maladie, et ne partit de cette ville que pour se rendre à Saint-Claude, sans doute pour y accomplir le vœu de ses fidèles serviteurs. Comme il allait quitter Thouars, il confia au seigneur d'Argenton une mission difficile, délicate même, et dont Commynes ne donne qu'une idée confuse : disons donc, en peu de mots, quel en fut l'objet.

Yolande de France, duchesse de Savoie, morte le 29 août 1478, avait laissé pour successeur un fils, qui allait seulement atteindre sa treizième année. La noblesse et les notables du pays déférèrent à Louis XI, oncle du jeune duc, le choix d'un régent pour gouverner l'État pendant la minorité de ce prince. L'évêque de Genève, les comtes de Romont et de Bresse, oncles paternels, furent écartés par le roi, qui crut trouver un instrument plus docile dans la personne d'un parent moins proche, le comte de La Chambre.

[1] Mille livres furent allouées à Commynes, pour cet objet, en 1481 : autant en 1482. Une pareille somme, avec même destination, lui avait été donnée en 1477. Voyez III, 187.

Celui-ci, investi des fonctions de régent, ne
tarda point à mécontenter Louis XI, qui, secrètement, prescrivit à l'évêque de Genève de
s'emparer de la direction de l'État et de la ré-
gence, tandis qu'à son instigation, un homme
qui lui était acquis, le gouverneur même du
jeune duc de Savoie, Philibert de Grolée, seigneur d'Illins, recevait l'ordre d'amener son élève
en Dauphiné. L'enlèvement du duc devait se
faire au moyen d'une sortie qui aurait la chasse
pour prétexte. L'évasion eut lieu ; mais, soit que
le secret eût été mal gardé, ou les mesures d'exécution mal prises, le comte de La Chambre se
mit à la poursuite des fugitifs, les atteignit,
s'empara du duc et fit conduire en un de ses
châteaux le seigneur d'Illins, qu'il y retint prisonnier. Le pouvoir du régent avait repris toute
sa force : Louis XI, pour en venir à ses fins et
anéantir cette puissance qu'il avait créée, pré-
féra la ruse à la violence. Il gagna sous main le
comte de Bresse, auquel il promit le gouvernement de la Savoie, et, sûr d'un refus qu'il avait
commandé, ordonna à ce seigneur de se rendre
en Dauphiné. Cette sommation, comme il était
convenu, resta sans effet. Pour contraindre le
rebelle, Commynes fut chargé de se rendre à

Mâcon, d'y assembler des troupes à la tête desquelles il se disposait à entrer en Bresse, me-
naçant d'y saccager tout si l'on ne remettait
entre ses mains Baugé, Châtillon, Pont-de-Veyle
et Pont-de-Vaux, plus vingt-cinq des principaux
personnages de Bourg, qui devaient lui servir
d'otages jusqu'à ce que le comte de Bresse se
fût soumis aux ordres du roi. Tout ceci n'était
que ruse, pour faire approcher de la Savoie,
sans exciter l'inquiétude du régent, des troupes
destinées à seconder, s'il en était besoin, le coup
hardi qu'allait tenter le comte de Bresse. Celui-ci
se tenait à Turin, à la cour du duc. Il s'en
absenta un jour, sous prétexte d'aller se livrer
aux plaisirs de la chasse; mais bientôt il rentre
au palais suivi d'un nombre considérable de
seigneurs, s'empare de la personne du comte de
La Chambre, fait mettre en liberté Philibert
de Grolée, puis, en exécution des ordres du roi,
prend possession du gouvernement de la Savoie.
Telles sont les intrigues que la mission de Commynes avait pour but de mener à bonne fin.
Elles exigeaient, on le voit, habileté, prudence
et discrétion.

Leur unique but, sans doute, n'était point
d'établir le comte de Bresse à la tête des affaires

de la Savoie, au moins dans l'intérêt unique de ce seigneur. Une politique moins chevaleresque guidait Louis XI : il voulait s'assurer une alliance stable sur ces marches de son royaume. Le seigneur de Bresse dut prendre l'engagement d'abandonner au roi la libre disposition des biens qui allaient être confisqués sur le comte de la Chambre, et « de ne pourveoir aux offices de cappitaineries de Chambéry, Montmélian et la Suze, » lesquels le roi se réservait de délivrer « à son plaisir et de monseigneur de Savoie. » Deux actes, signés, l'un par le seigneur de Bresse, l'autre par Marguerite de Bourbon, sa femme, contiennent leur promesse d'exécuter fidèlement ces conditions[1] : et le jour même où cet engagement était pris par eux, Jacques de Bussy, seigneur de Rié, en garantissait sur son honneur la loyale exécution[2]. Enfin, pour éviter tout dissentiment entre l'oncle et le neveu sur le choix des personnes auxquelles il pourrait convenir de confier la garde des capitaineries réservées et pour mettre les deux souverains plus à portée de se bien entendre à ce sujet, le jeune duc fut conduit à Grenoble par le comte de Bresse et

---

[1] GUICHENON, *Preuves de l'histoire de Savoie*, p. 441.
[2] Voyez au tome III, p. 79, la PREUVE XVI.

remis aux mains de Commynes et du bâtard de Bourgogne.

Louis XI, cependant, allait s'affaiblissant de jour en jour : sa force morale seule le soutenait encore, et, comme au temps passé, il continuait à *aller par pays*. Chacun s'en étonnait, à *le voir tant mesgre et deffaict; mais son grand cueur le portoit.* Commynes, rappelé de son ambassade, le vint trouver à Beaujeu; il fut frappé des ravages causés par la maladie sur la personne de ce prince, pour lequel (il ne tarda pas à le reconnaître) l'instant arrivait de passer à son tour *par là où les autres sont passez.* Nous n'essayerons point de présenter ici le spectacle de ses derniers moments. C'est dans les Mémoires mêmes de Commynes[1] qu'il faut contempler, étudier le tableau saisissant de toutes les terreurs qui assiégeaient l'infortuné malade, de tous les expédients superstitieux auxquels il eut recours pour se cramponner à la vie, pour écarter jusqu'à l'idée même de l'heure fatale. Elle sonna pourtant[2], et de cette heure, pour Commynes, allait dater une ère nouvelle, aussi

[1] II, 246-289.
[2] 30 août 1483.

I.   *f*

funeste à son honneur et à sa fortune, que l'autre avait été propice à son ambition et à ses intérêts.

A peine, en effet, les cendres du roi défunt étaient-elles refroidies, que, en vertu de lettres patentes du roi nouveau, sollicitées et obtenues par les La Trémoille, Jean Douhalle, lieutenant général du gouverneur de Touraine, procédait[1] à une enquête ayant pour but d'établir qu'à ses derniers instants Louis XI, pressé par le remords, avait declaré au bailli de Meaux, Etienne de Vesc, qu'à tort et sans aucun droit il s'était emparé de l'héritage des La Trémoille, ce dont il sentait sa conscience chargée ; enjoignant audit Étienne de se rendre auprès du Dauphin pour le prier de restituer Talmont à ses possesseurs légitimes, Commynes étant préalablement récompensé par le don de deux mille livres de rente. Dix témoins entendus déposèrent unanimement de ce fait. En conséquence, dès le 29 septembre, Charles VIII prescrivit au chancelier et gens de son grand conseil de rétablir la famille de La Trémoille dans la possession des

---

[1] Dès le 9 septembre 1483. Voyez au tome III, p. 80, la PREUVE XVII.

biens dont elle avait été si injustement dépouillée [1].

Tous les pouvoirs, temporel et spirituel, s'u-
nissaient pour leur venir en aide. Soit qu'ils
aient voulu se prémunir contre un obstacle possible, soit qu'en effet ils l'aient éprouvé, ils se
firent délivrer par l'official de Tours, agissant au
nom de son évêque, une dispense de tenir le serment par lequel ils s'étaient obligés à maintenir
l'accord du 8 mai 1480 [2]. Toute résistance aux

[1] Voyez au tome III, p. 83, PREUVE XVIII, ces lettres de restitution. La régente, qui parle dans cet acte au nom du roi, y fait
preuve d'un assez grand désintéressement, car la seigneurie de
Thouars, qui devait être rendue aussi bien que Talmont, faisait
alors partie de son domaine. Elle fit plus encore, et nous la ver-
rons bientôt aider de tout son crédit les La Trémoille dans leurs
efforts contre Commynes pour parvenir à l'exécution des ordres du
roi. Nous n'aurions que des paroles d'éloge pour cette conduite, si
nous n'avions entre les mains un document qui constate qu'Anne
de Beaujeu, aussi *saige* en affaires que le défunt roi son père, s'é-
tait probablement accommodée avec les La Trémoille, moyennant
dix-sept mille livres que ceux-ci consentirent à payer pour rentrer
dans leur bien. Ces derniers étaient, comme on l'a vu, doués de
quelque prudence, et, sans doute, ne s'étaient obligés au payement
de cette somme qu'autant que les lettres de restitution seraient exé-
cutées dans toutes leurs prescriptions. De là, peut-être, les instances de la dame de Beaujeu auprès des juges de Commynes pour
qu'ils aient à vider en faveur des adversaires de celui-ci le procès
pendant en cour.

[2] Voyez ci-dessus, p. LXX, et tome III, p. 95.

ordres du roi semblait donc vaine, et la prudence conseillait de s'y soumettre. Commynes ne sut pas se résoudre à prendre ce sage parti.

Dans son intérêt, fort mal entendu, le procureur du roi fit opposition à ce que le grand conseil enregistrât les lettres de restitution, arguant, sans doute, de la non-existence des pièces sur lesquelles s'appuyait le considérant desdites lettres. C'était là un triste et bien faible moyen de défense. Sans doute, ces pièces n'existaient plus (on le croyait, du moins), mais elles avaient existé : et des témoins nombreux pouvaient au besoin révéler à la justice l'acte odieux mis en œuvre pour les anéantir. Ces témoins avaient juré de garder un éternel secret; mais le pouvoir qui venait de délier les La Trémoille d'un serment extorqué, serait-il moins puissant en cette occasion? l'événement prouva bientôt le contraire. Un monitoire fut lancé, qui portait menace d'excommunication «contre ceux qui recélaient les lettres de la vicomté de Thouars et des enfants de La Trémoille[1].» Aussitôt toutes les bouches s'ouvrirent : presque tous ceux qui avaient pris part à la visite

----

[1] Voyez la déposition du seigneur de Bressuyre, III, 108.

des papiers du château de Thouars vinrent com-
paraître devant deux membres du grand conseil,
Pierre Sallat et Louis Blosset, commis à l'effet de
recueillir leur témoignage. L'enquête dura huit
jours[1] et procès-verbal en fut dressé. Le grand
conseil ayant renvoyé *le principal de la matière*[2]
au parlement, la cour ordonna un supplément
d'information[3]; car deux témoins importants
(Commynes et du Noyer) n'avaient point comparu
devant les premiers commissaires. Commynes,
dans cette instruction complémentaire, joue le
plus pitoyable rôle; il ne se rappelle rien. A-t-il vu,
lui demande-t-on, les lettres de Charles VII, dont
« l'une de restitution faite au vicomte de Thouars
de la seigneurie de Tallemont et Chasteau-Gaultier, et l'autre donnant congié audict seigneur de
marier sa fille au duc de Bretagne? » — « Il n'a pas
bonne souvenance d'avoir veu lesdictes lettres....
et requiert delay, s'il plaist à la cour, d'y povoir

[1] 29 janvier-6 février 1484. Voyez au tome III, p. 95, la
PREUVE XIX.

[2] Son arrêt (3 avril 1484) ordonne, en outre, le maintien provi-
soire des La Trémoille dans la jouissance de la vicomté de Thouars
jusqu'à ce que le procès ait été jugé définitivement par le Parlement. (FONTENEAU, 369.)

[3] 3 juillet 1484, à la requête des La Trémoille. (ARCHIV. DU
ROY., *Parlement*, Conseil, XXVIII, 154 v°.)

penser afin d'en respondre plus certainement, *et jusques à ce que le roy soit en Touraine[1].»* Le parlement « ordonne que ledict messire Philippes de Commynes respondra pertinemment et péremptoirement aux interrogatoires qui lui seront faitz par lesdits commissaires; et, sa confession veue et rapportée par devers ladicte cour, elle en ordonnera comme elle verra estre à faire par raison[2].» Cette décision de la cour, qui rendait impossible ou du moins inutile toute nouvelle échappatoire, réveille comme par miracle les souvenirs de Commynes. Il se rappelle maintenant[3] les moindres détails : il a vu les lettres de Charles VII « faisant mention de la provision faicte audict feu vicomte de Thouars de marier sa fille à feu Pierre, fils de feu Jehan, duc de Bretaigne : » elles étaient con-

---

[1] Premier interrogatoire du 19 juillet 1484. Commynes, en demandant ce délai, espérait-il entraver la marche de la justice et intéresser à sa propre cause la piété filiale de Charles VIII? Cette espérance était vaine. La révélation de certains faits était sans doute de nature à ternir quelque peu l'honneur du feu roi; mais déjà les lettres patentes du 29 septembre 1483 en avaient fait assez bon marché.

[2] Archiv. du roy., *Parlement,* Conseil, XXVIII, 168 v°. — 24 juillet 1484.

[3] Deuxième interrogatoire, du 28 juillet 1484.

tre-signées Burdelot; mais *il se souvient* que ledict Burdelot, interrogé par Louis XI au sujet de ces lettres, «respondit que jamais il ne les avoit escriptes, ne signees.» — «Interrogié se, audict lieu de Thouars, après que lesdictes lettres furent trouvees, elles furent jettees au feu, dit..... qu'*il a bien mémoire* qu'il n'y avait point de feu en la chambre. »

«Interrogié à quelle requeste lesdictes lettres furent jettees au feu par ledict feu roy, et mesmement se de ce faire il fut requis par il qui parle, dit que non, et que le roi le fit de soy mesme, sans prieres de lui, ne d'autres : et qui plus est, jamais il qui parle ne demanda audict feu roy Loys lesdictes terres dont il est question; mais les lui bailla sans demander, de soy mesme, *estant moins de plus grant somme dont il estoit tenu envers lui* [1], et les lui promit garantir en-

---

[1] « Comment Louis XI pouvait-il devoir quelque chose à Comyne, si ce n'est le prix que celui-ci avait exigé pour passer à son service? Mais la suite de l'interrogatoire prouve complétement cette conjecture. Le feu roi n'aurait pas voulu qu'*il y eust eu aucunes doubtes*.... parce qu'il eût craint que si celui qui parlait en eût été averti, il fût retourné *dont il estoit venu*. Peut-on mieux prouver que ce furent tous ces dons..... qui firent venir Comyne en France? qu'on ne cherche donc pas d'autre excuse à sa retraite

vers tous et contre tous ; et n'eust point voulu
ledict feu roy que s'il y eust eu aucunes doubtes es
dictes terres, que il qui parle en eust esté adverti,
pour crainte que il qui parle ne se feust apperceu
lesdictes terres n'estre pas seures, et que, par ce
moyen, ledict qui parle eust eu cause de s'en retourner dont il estoit venu, et de laisser ledict
feu roy ; et autre chose n'en scet[1]. »

On sent, en lisant cet interrogatoire du
28 juillet, que Commynes, contraint enfin à
parler, s'étudie à ne faire aucun aveu dont ses
adversaires se puissent prévaloir contre lui :
mais, si habilement calculées que soient ses ré-
ponses, quelque soin qu'il prenne d'en amoindrir
la valeur par les restrictions qu'il y joint, elles
ne peuvent infirmer les dépositions des autres
témoins. Ce sont des moyens de défense qu'il se
ménage : on n'y trouve nulle part l'accent de la
vérité[2].

de Bourgogne. » (LA FONTENELLE DE VAUDORÉ, *Ph. de Comyne en
Poitou*, 50.)

[1] Voyez au tome III, p. 119, PREUVE XX.

[2] Non pas même dans cette déclaration, quelque peu vaine,
que Louis XI eût craint de le voir informé des doutes qu'on pouvait avoir sur la sûreté *desdictes terres*, « parce que, par ce
moyen, ledict qui parle eust eu cause de s'en retourner dont il

Mais il est temps d'en finir avec cet odieux procès. Qu'il nous soit permis de nous diriger en toute hâte vers le dénoûment, dussions-nous, pour ce faire, anticiper sur l'ordre chronologique des faits relatifs à Commynes, auquel, d'ailleurs, nous reviendrons bientôt.

Deux avocats célèbres, au moins fort employés, prirent en main la défense des parties; Michon plaidait pour les La Trémoille et Piédefer pour Commynes. La tâche de ce dernier n'était pas la plus facile. Il recourait, autant que possible, dans l'intérêt de son client, à ces mille subtilités que la chicane semble avoir inventées pour éterniser les procès. Voici par quelles difficultés, dans cette cause célèbre du xvᵉ siècle, fut entravée la marche régulière de la justice et sa prompte expédition. Nous

estoit venu. » Commynes, au moment de la donation qui lui fut faite de ces terres, savait parfaitement à quoi s'en tenir sur les droits de Louis XI : il connaissait l'existence des lettres de restitution et du congé de mariage. Ces pièces ou, tout au moins, copies authentiquées de ces pièces lui furent livrées par le roi. (Voy. au tome III, p. 110-114, la curieuse déposition de Richard Estivalle.) Voilà comment, bien que ces deux lettres eussent été brûlées à Caudes, il fut possible à Commynes de prétendre qu'elles existaient encore et qu'il les avait par devers lui (III, 126). Il est difficile de dire vrai avec moins de sincérité.

présentons d'abord la date (précise ou approximative) de l'acte qui les soulève; le sommaire du moyen dilatoire, puis la date et l'année de l'arrêt survenu.

18 *juin* **1484.** — Opposition de Commynes à l'entérinement par la cour des lettres de restitution obtenues par les La Trémoille, sous prétexte qu'ils n'ont pas baillé « leur demande pétitoire par escript, en triple, selon le stille de ladicte court. » — Arrêt du 24 juillet qui déboute le demandeur de son opposition [1].

Août (?) **1484.** — Requête de Commynes tendant à l'entérinement « de certaines lettres royaulx » et à être « receu à appeller et sommer ses garans tout ainsi qu'il eust fait ou peu faire auparavant les *delaiz de defendre* par son conseil prins en icelle court, et, pour ce faire, delay competent. » — Arrêt du 12 août ordonnant qu'il « viendra defendre..... au premier jour plaidoïable pour tous delaiz [2]. »

9 *février* **1485** [3]. — Requête de Commynes,

---

[1] Archiv. du roy., *Parlement*, Conseil, XXVIII, 169.

[2] Id., *ibid.*, 181 v°.

[3] Entre l'acte qui porte cette date et le précédent, voici ceux qui s'interposent, et dont nous ne tenons pas compte dans notre relevé, parce qu'ils appartiennent au cours régulier de la procé-

tendant à ce que copie d'une lettre légalisée par
« Cheneteau, jadis greffier de la court, vausist
original et que icelluy demandeur s'en peust

dure. Il est bon cependant de les connaître avant de poursuivre.

2 *octobre* 1484. — Lettres patentes et missives de Charles VIII
à ses procureurs et avocats en la cour du parlement de Paris, pour
prendre la garantie, pour le roi, touchant la matière et procès
pendant en ladite cour à cause des terres et seigneuries de Talmont,
Berrye et autres. (Bib. roy., ms., fonds Saint-Germain-Harlay,
n° 77.)

4 *janvier* 1485. — Long et habile plaidoyer de Piédefer pour
Commynes. Ce passage mérite d'être cité : « A ce que le Roy
a declairé, en ses derniers jours, qu'il faisoit conscience desdicts
contracts (d'acquisition de Thouars, etc.) et que on leur (aux La
Trémoille) rendist tout, dit qu'il ne sera trouvé que le roy ait faict
conscience desdicts contracts ; et s'il en avoit parlé, ce auroit esté
au pourchaz de La Tremoille. Et s'aucune chose avoit declairé, c'estoit que on les recompensast s'il n'avoit bien acquis lesdictes terres.
Dit que parties ont allegué le bailly de Meaux ; croit qu'il n'en sau-
rait mieulx parler que le confesseur du feu Roy, qui est ung grant
docteur en theologie, evesque, et de grant auctorité. Et se le Roy
en avoit aucunement parlé, si ne peut la declaration nuyre à Commynes d'alleguer l'autentique *quod attinet de proba*, où il est dit
que se ung testateur declaire que aucun ne lui doibt riens,
les heritiers ne sont point deboutez de demander la debte ; car
ung testateur est plein de malladie et inquiet, et ne scet pas
bien qu'il dit. » (Archiv. du roy., *Parlement*, Matinées, XLV, 46.)

10 *janvier* 1485. — Réplique de Michon pour les La Trémoille. — Plaidoyer de Le Maistre pour le procureur du roi. (Id.,
ibid., 49 v°.)

11 *janvier* 1485. — Continuation du plaidoyer de Le Maistre. Il

aider et foy y estre adjoustee comme audict original [1]. »

15 *février* 1485. — Accord, à ce sujet, entre les La Trémoille et Commynes. — Arrêt du 7 mars, qui accorde la demande [2].

Cet aperçu des ruses employées pour retarder l'heure du jugement final suffit sans doute, et le lecteur n'a pas à craindre que nous le traînions d'audience en audience, de remise en remise jusqu'au prononcé de l'arrêt. Les demandes de production de pièces, les défauts à comparoir et autres moyens, qui aujourd'hui encore sont à l'usage des plaideurs de mauvaise foi, allongèrent la durée du procès de plus d'une année après l'achèvement des plaidoiries. Enfin, pourtant, le

---

prendra la garantie, au nom du roi, « se est par la court dit que faire se doye. » — Réplique de Piédefer pour Commynes : « Pour ce que partie dit que Commynes les a bruslees (les lettres), dit qu'*elles sont aussi entieres qu'elles furent oncques* (voy. ci-dessus, page LXXXVIII, note 2), et qu'il les a et les confesse avoir; mais dit que, après l'arrest donné (probablement celui du 21 juillet 1479. Voy. ci-dessus, page LXVIII, note 1), le feu roy les luy bailla. Et les recouvra le feu Roy, *qui estoit subtil*, parce que d'Amboise avoit receu toute sa vie les fruictz des terres reservees. » — Duplique de Michon. Reproduction des mêmes moyens. (ARCHIVES DU ROY., *Parlement*, Matinées, XLV , 54.)

[1] ID., *ibid.*, reg. XXIX.

[2] ID., *ibid.*

9 mars 1486, le parlement décida, et le 22 du
même mois ordonna que Commynes serait condamné « à soy desister et deporter de la possession et joïssance des........ terres et seigneuries
de Tallemond et Chasteau-Gaultier, leurs appartenances et deppendances, et en souffrir et laisser
joyr iceulx de La Tremoille, demandeurs, comme
à eulx appartenant ; et aussi à leur rendre et restituer les fruitz, prouffitz, revenues et esmolu-
ments que il a prins et perceuz desdictes terres,
appartenances et deppendances d'icelles[1]. »

Après quatorze ans d'instances et de poursuites, le bon droit va donc triompher? Non,
pas encore. Commynes n'était pas d'humeur à
se soumettre aux injonctions de la cour, sans
avoir essayé de tous les moyens de résistance.
Nous ne savons quels sont ceux que d'abord il
mit en œuvre ; mais nous voyons Charles VIII,
par lettres patentes données à Troyes le 10 juin
1486, ordonner que les biens meubles et immeubles du seigneur d'Argenton seront saisis et an-
notés, qu'il sera lui-même arrêté et emprisonné
s'il se refuse à la restitution du château de Tal-

---

[1] Archiv. du roy., *Parlement*, Matinées, XXX, 110 v°. —
Thibaudeau (III, 226) donne à cet arrêt la date du 22 mars
1485. Il aurait dû faire remarquer qu'il se sert du *vieux style*.

mont, etc.; un arrêt conforme du parlement intervint le 4 janvier 1487 [1]. Après le refus pur et simple d'obtempérer aux ordres de la cour, vient la résistance légale. Commynes appela du jugement rendu contre lui, sans toutefois se hâter *de bailler ses causes d'appel*. Il était d'ailleurs fort empêché par d'autres affaires dont nous parlerons tout à l'heure et même prisonnier en la Conciergerie du palais, où son avocat et son procureur durent se rendre pour conférer avec lui [2].

Pour nous, ici, la chaîne des incidents de ce procès se trouve brisée : nous n'en apercevons plus que quelques anneaux épars. Essayons de les joindre ensemble. Le parlement, après le prononcé de son arrêt du 22 mars 1486, commit pour en assurer l'exécution un des conseillers de la cour, maître Jean Pellieu, lequel, muni des pouvoirs nécessaires à cet effet, rendit nous ne savons quelle sentence dont Commynes, sans

---

[1] Thibaudeau, III, 227.

[2] 29 janvier 1488 (Archiv. du roy., *Parlement*, Conseil, XXXII, 79). Par un *juste retour des choses d'ici-bas*, il voyait ses adversaires user envers lui des armes peu courtoises qu'il avait jadis dirigées contre eux. Ils exploitaient à leur tour la faveur royale dans l'intérêt de leur cause, à cette différence près, toutefois, qu'ils avaient le bon droit de leur côté.

doute, n'eut pas lieu de se montrer satisfait.
Nous le voyons, dans un acte du 26 février 1488,
débouté (par défaut) de son appel contre ledit
Jean Pellieu, la cour statuant toutefois que « se
l'appelant baille sa cause d'appel dedans trois
semaines » le défaut « sera abatu[1]. » Commynes,
on le voit, use toujours du même système : il
temporise le plus possible. Ce n'est plus, maintenant, de biens injustement possédés qu'il
cherche à n'être pas dessaisi, c'est la dot de sa
femme qu'il a à défendre. Il ne s'agissait de rien
moins, en effet, que de la vente à la criée et
de l'adjudication au plus offrant enchérisseur,
des terres et seigneuries d'Argenton, Vauzelles,
Souvigné, etc., qu'Hélène de Chambes lui avait
apportées en mariage. Les La Trémoille, forts
de l'appui du roi[2] et du secours intéressé de la
régente[3], poursuivaient à outrance un ennemi
qui leur échappait toujours. La cause d'appel ne

---

[1] Archiv. du roy., *Parlement*, Matinées, XLVIII, 141 v°.

[2] Par lettres du 22 septembre 1488, le roi ordonne que le procès
pendant au Parlement sera jugé *en faveur* de Louis de La Trémoille. (Fonteneau , 372.)

[3] Anne de Beaujeu adressait aux juges la lettre suivante :

« Messeigneurs, vous savez le procez qui est pendant dès longtemps en la court touchant la viconté de Thouars pour l'expedi-
cion duquel le roy vous a plusieurs foys escript et mandé la faire.

fut pas fournie en temps utile, à ce qu'il paraît, et l'on dut songer à procéder à la mise en vente des domaines en question. Commynes et sept de ses serviteurs s'y opposèrent avec violence. Ces voies de fait leur attirèrent un décret d'ajourne-ment «à comparoir en personnes, sur peine de bannissement du royaume[1]. »

Quelle fut l'issue de ces poursuites, quant à ce qui concerne les domestiques du seigneur d'Argenton? Nous l'ignorons complétement, mais nous supposons qu'elles s'apaisèrent bientôt; car, peu de jours après, nous trouvons Commynes débouté de nouveau (cette fois après défense et plaidoiries) de son appel contre Jean Pellieu : il est de plus condamné, définitivement,

Et pour ce que je vouldroye bien qu'il feust vuidé en faveur de mon cousin de La Tremoille, lequel est continuellement occupé au service du roy et en ses plus grans affaires, je vous pry tant que je puis que le veuillez expedier le plus brief que faire se pourra, en aiant en justice son bon droict pour singulierement recommandé: et vous ferez service au roy, et à moy tres singulier plaisir. Vous disant adieu, messeigneurs, qui vous doint ce que desirez. Escript de Chinon, le 11e jour d'avril (1488).

« Anne de France. »

(Arch. du roy., Lettres originales des rois de France, III, 149.)

[1] 26 mai 1489. (Arch. du roy., *Parlement,* Criminel, LVIII.) Il y avait deux mois à peineque Commynes avait recouvré sa liberté. Voyez ci-après, page cvi, note 1.

à rendre les terres et seigneuries de Tallemont et Chasteau-Gauthier[1]. D'autres arrêts prescrivirent la restitution aux La Trémoille de Berrye, Aulonne, Curzon, La Chaume, Bran et Brandois[2]; puis enfin le remboursement des revenus indûment perçus par Commynes pendant sa longue et injuste possession, comme aussi des frais, mises et impenses du procès, le tout taxé à la somme de sept mille huit cent onze livres quatre sous parisis, et payables nonobstant oppositions ou appellations quelconques[3].

Il n'y eut plus, que nous sachions, d'entraves nouvelles apportées, de par Commynes, au cours de la justice; et ces malheureux débats, qui l'avaient inquiété pendant dix-neuf années et conduit à de si honteuses démarches, furent enfin terminés. Les La Trémoille, probablement, se départirent de leurs prétentions sur la seigneurie d'Argenton et ses dépendances, dont ils ne poursuivaient la mise en vente que comme garantie du remboursement de ce qui leur était dû. Commynes put satisfaire à leurs justes exigences au

---

[1] 4 juin 1489. (ARCH. DU ROY., *Parlement*, Conseil, reg. XXXIII, fol. 219 v°.)

[2] 31 août 1491. (ID., *ib.*, reg. XXXV, fol. 308.)

[3] 5 septembre 1491. (ID., *ib.*, fol. 341 v°.)

I.   *g*

moyen d'une indemnité de trente mille livres qui lui fut accordée par Charles VIII[1].

Cette triste affaire est close désormais : revenons à notre point de départ. Un des premiers actes de madame de Beaujeu, sœur aînée de Charles VIII, fut de confirmer dans leurs places, gouvernements et offices tous ceux qui les occupaient lors de l'avénement du nouveau roi. C'était une fort sage mesure, et Louis XI, plus d'une fois, s'était repenti d'avoir agi différemment avec les serviteurs de son père. Commynes fut maintenu sur la liste des conseillers du roi[2] et continué dans l'office de sénéchal de Poitou[3]. Peu de temps après il était envoyé en ambassade vers le duc de Bretagne, conjointement avec les seigneurs de Châtillon et de Riche-

---

[1] Payable en quatre années, à partir du 1er juillet 1491. Elle était donnée à Commynes, « en recompense de certaines actions et garanties qu'il prétend avoir et recouvrer sur le roy, à cause des terres et seigneuries de Talemont, Aulonne et autres, que le feu roy son père lui avoit donnez, dont après son trespas il a esté troublé et mis en procez par monsieur de La Tremoille. » (Bib. roy., ms., *Fontanieu*, portef. 147-148, au 25 juillet 1491.)

[2] J. Masselin, 123.

[3] 2 octobre 1483. (Bib. roy., ms., *Papiers de Fontette.*) Il en avait été investi, par Louis XI, le 24 novembre 1476. (Voyez au tome III, p. 60-63, la Preuve XII.)

bourg[1]. Il eut, enfin, l'honneur de faire partie des quinze notables personnages que les princes désignèrent au choix des états généraux (janvier 1484) pour entrer au conseil du jeune roi[2]. Dans ce conseil, où se traitaient les plus importantes affaires de l'État, Commynes eut un jour à défendre les droits de Charles VIII sur le comté de Provence contre les prétentions d'un prince, le duc René II, de Lorraine, que chacun à la cour ménageait avec le plus grand soin. Probablement il mit quelque chaleur à soutenir les intérêts de la couronne, et plus peut-être qu'il ne convenait alors à quelques-uns. Toujours est-il que le duc, irrité, lui adressa «de rudes et folles parolles» et parvint même à le faire «chasser de la court[3].» Le courtisan disgracié devait trouver un facile refuge chez l'un de ces princes qui, mécontents de la part étroite faite à leur ambition par les états généraux du royaume, se tenaient éloignés de madame de Beaujeu et fomentaient ouvertement la révolte contre son administration[4]. Ce fut à Moulins, où se trouvait alors le duc de Bourbon,

---

[1] Lenglet, IV, ii, 128-129.

[2] J. Masselin, 103, 223.

[3] *Mémoires*, II, 299.

[4] C'est à ce moment, sans doute, que lui fut retiré son office de

que le seigneur d'Argenton vint chercher un asile. Il y fut bien accueilli, ses conseils y furent agréés; mais le duc était d'une faiblesse de caractère notoire, et Commynes dut mettre en œuvre toute son habileté pour maintenir dans les intérêts des opposants cette volonté sans énergie. Il y réussit : du moins, aidé par l'un des esprits les plus remuants de la petite cour de Moulins, le seigneur de Culant, parvint-il à décider le prince à faire une démarche favorable au parti. Elle consistait à se rendre auprès du roi, et à lui porter des plaintes sévères sur la mauvaise administration de son gouvernement. Ce projet une fois arrêté, il s'agissait d'en surveiller l'exécution; car d'abandonner le prince à lui-même, sans conseil, on n'y pouvait songer. Commynes, toutefois, ne pouvait accompagner le duc de Bourbon à Beauvais, où séjournait en ce moment Charles VIII, sans compromettre gravement sa sûreté personnelle : un sauf-conduit était indispensable. Il l'obtint[1].

L'entrevue du roi et de son oncle eut lieu dans les premiers jours de septembre 1486 : « et trois ou quatre jours après que mondit seigneur de

sénéchal de Poitou. (28 septembre 1485.) Voyez au tome III, p. 128-136, les Preuves XXI-XXIII.

[1] 26 août 1486. Voyez au tome III, p. 137, la Preuve XXIV.

Bourbon eut séjourné audit Beauvais, à la poursuite desdits seigneurs de Culant et d'Argenton
(je crois bien que monseigneur d'Orléans, qui
estoit aussy à Beauvais, et ceux de sa bande n'y
nuisoyent pas), mondit seigneur de Bourbon feit
un peu du courroussé, feignant de n'estre point
content de monseigneur et de madame de Beaujeu, ny du seigneur de Graville, et autres qui
gouvernoyent sous eux ; en disant qu'ils estoient
cause de la guerre que le duc d'Autriche faisoit,
et du mescontentement qu'avoient les autres seigneurs du sang ; et alleguoit qu'il estoit *connes-
table*, et qu'à luy appartenoit l'exécution de la
guerre, et qu'il s'en vouloit aller en Picardie,
pour résister à l'entreprise dudict duc d'Austriche,
et y trouver quelque bon appointement : de fait,
il partit dudit Beauvais contre le gré du roy,
pour tirer en Picardie. Il y eut à son départ des
allees et venues de monseigneur et de madame de
Beaujeu, et autres grans personnages de la maison du roy par devers lui pour interrompre son
despart, mais il n'y eut point de remede, et il s'en
alla au giste à la Neuville en Hez, à quatre lieues
de là. Auquel lieu semblablement, des le lendemain, il y eut des gens envoyez de par le roy et
mondict seigneur et dame de Beaujeu pour le

retarder ; mais tousjours il faisoit du mauvais cheval : toutefois quelque chose qu'il fist, je crois qu'il l'entendoit autrement, et qu'il avoit une secrète intelligence avec mondict seigneur et madame de Beaujeu, qui se menoit par aucuns de ses serviteurs : mais il vouloit bien feindre d'estre un peu mescontent pour contenter lesdicts seigneurs de Culant et d'Argenton et autres qui estoyent de leur bande ; et par ce moyen il sçavoit tousjours le faict et les intrigues de mondict seigneur d'Orléans et de ceux de sa suite. Quoy qu'il en soit, bientost après lesdicts seigneurs de Culant et d'Argenton feurent mis hors de sa maison[1]. »

Commynes, évincé par le duc de Bourbon, n'en demeura pas moins dévoué au parti des princes révoltés : il se retourna vers le duc d'Orléans. L'intrigue, de ce côté, avait cela de particulier que le roi lui-même y prêtait son concours. Ce jeune prince avançait en âge et supportait impatiemment les conseils sages mais impératifs de madame de Beaujeu. Le seigneur d'Argenton et quelques autres seigneurs tentèrent, dit-on,

---

[1] G. DE JALIGNY, 6-7. Voyez *Histoire de Charles VIII*, publiée par Godefroy.

d'enlever et de remettre aux mains de Louis d'Orléans la personne du jeune roi «lequel le vouloit ainsi. Et s'il fust venu à chief de son entreprise, ils eussent gaingné le jeu[1]. » Mais ils échouèrent, et Charles VIII punit leur maladresse. «Au mois de janvier 1486[2] le roy fut adverty que les evesques de Perigueux, surnommé de Pompadour, et de Montauban, surnommé de Chaumont, et les seigneurs d'Argenton et de Bucy, frère dudict evesque de Montauban, avoient intelligence avec monseigneur d'Orléans et monseigneur de Dunois et d'autres qui s'estoient retirez en Bretagne, et qu'ils leur faisoient sçavoir toutes nouvelles de cour ; mesme fut trouvé un homme allant d'Amboise (où ils estoient avec le roy) en Bretagne, portant des lettres d'eux, et crois bien que le porteur desdictes lettres fit sous main sçavoir son message afin d'estre trouvé chargé d'icelles lettres : pour ce sujet le roy les fit un matin constituer prisonniers[3]. »

Un nommé Du Mesnil Simon, chevalier, seigneur de Beaujeu, fut chargé de s'emparer de Commynes et mit cet ordre à exécution ; mais ce

---

[1] Saint-Gelais, 57.

[2] 1487 selon le nouveau style.

[3] G. de Jaligny, 14-15.

galant homme, oubliant quelque peu les lois de
la chevalerie, se saisit en même temps de « certains biens meubles, comme vaisselle d'argent,
chesnes, bagues et autres choses,......... lesquelz
icelluy de Commynes estimoit valoir la somme de
troys mille escus et plus[1]. »

D'Amboise, où son arrestation avait eu lieu,
Commynes fut transféré à Loches : il y resta huit
mois, enfermé dans une cage de fer construite,
autrefois, par ordre de Louis XI[2]. Le parlement
de Paris, cependant, informait au criminel contre
lui et contre ses complices. Un arrêt de cette
cour, rendu le 18 juin 1487, ordonna, quant à
Geoffroi de Pompadour et à Georges d'Amboise,
la saisie du temporel, des bénéfices et biens pa-
trimoniaux de ces évêques, et quant au seigneur
d'Argenton et autres, qu'ils seraient amenés prisonniers en la Conciergerie du palais, à Paris, et
tous leurs biens meubles et immeubles pris, saisis,
arrêtés et mis en la main du roi[3]. En exécution

---

[1] Voyez au tome III, p. 158-161, la PREUVE XXXIV.

[2] « Plusieurs depuis l'ont maudit, et moy aussi, qui en ay tasté,
soubz le roy de present, huict mois. » (*Mémoires*, II, 265.)

[3] Voyez au tome III, p. 138-139, la PREUVE XXV. Deux jours
plus tard, Martin de Bellefaye et Jean Le Viste, conseillers, furent
commis pour procéder aux interrogatoires des prévenus. (*Ibid.*,
p. 140-141, PREUVE XXVI.)

de cet arrêt, Commynes, conduit à Paris par le capitaine du château de Loches, fut immédiatement renfermé «en la haulte chambre de la tour carree de la Conciergerie du palais et gardé par deux huissiers[1].» Les mesures les plus minutieuses furent prises pour empêcher le prisonnier de communiquer avec qui que ce fût. On se fera une idée de l'importance que le parlement attachait à l'observance de ces prescriptions en voyant dans quels termes elles étaient faites. Commynes ayant obtenu de pouvoir «oyr messes en sa prison, tous les jours, à ses despens, se bon lui semble,» la cour enjoint aux deux huissiers «qu'ilz prengnent de jour en jour chapellain pour dire ladicte messe, et qu'ilz ne laissent parler ledict d'Argenton audict chapellain ne autre, en quelque maniere que ce soit; et qu'ilz gardent bien et seurement ledict d'Argenton tellement que aucun inconvenient n'en adviengne, SUR LEURS VIES; et qu'ilz facent mettre des crochets de fer aux huys des galleries et facent *murer* les fenestres des galleries du costé de la riviere[2].» Heureusement pour le pauvre reclus, ces dernières et excessives mesures de

[1] 17 juillet 1487. Voyez au tome III, p. 141-142, la PREUVE XXVII.

[2] Voyez au tome III, p. 142-143, la PREUVE XXVIII.

sûreté ne s'étendirent pas jusqu'à la chambre où il était détenu, et pendant vingt mois que dura encore sa captivité, il lui fut possible de contempler le cours de la Seine et le mouvement de ses ports[1]. Le procès, comme on le voit, n'avait pas été poursuivi avec la célérité que faisaient pressentir les premiers actes du parlement[2] : il ne fut terminé, en ce qui touche Commynes, que le 24 mars 1489, jour auquel la cour rendit un arrêt qui le condamne « à estre relegué, jusques à dix ans prochainement venans, en une des

---

[1] « Je y ay esté (à Paris)..... avec le Roy Loys, demy an sans en bouger;..... et, depuis son trespas, *vingt moys*, maulgré moy, tenu prisonnier en son palais, où je veoye de mes fenestres arriver ce qui montoit contre mont la riviere de Seine, du costé de Normandie. » (*Mémoires*, I, 74-75.) — Incarcéré en la conciergerie du palais le 17 juillet 1487, Commynes fut élargi le 24 mars 1489. (Voyez au tome III, p. 146-148, la Preuve XXXII.) C'est par inadvertance que nous avons conservé à ce document la date de 1488, qui est celle du vieux style : cette erreur est relevée dans l'*Errata*.

[2] Commynes, amené à Paris le 17 juillet 1487, fut interrogé dès le 23 du même mois. (III, 143-144, Preuve XXIX.) Le 1er août suivant, deux conseillers du parlement furent envoyés devers le roi pour l'informer de la marche du procès. (144-145, Preuve XXX.) D'après ce début assez prompt, on pouvait s'attendre à une activité plus soutenue. Une lettre du président de La Vaquerie à Charles VIII (10 octobre 1488, p. 145-146, Preuve XXXI) explique cependant, en partie, les causes de ces lenteurs.

maisons, terres et seigneuries de luy ou de sa femme, telle qu'il plaira au roy luy ordonner, dont il ne sortira durant ledict temps;» à bailler «bonne et suffisante caution, jusques à la somme de dix mille escus d'or;» déclarant, en outre, «icelle court la quarte partie de tous les biens dudict Commynes estre acquise et confisquee au Roy[1].» Si rigoureux que fût cet arrêt, on s'attendait généralement à une peine plus grave. Commynes, en effet, avait «affaire à fortes parties et à des adversaires de grande authorité, à cause de quoi il voyoit que difficilement se pourroit trouver procureur ni advocat qui voulust deffendre sa cause : lui-mesme la plaida, et ayant par l'espace de deux heures debatu sa cause en pleine audience, remonstra si bien son innocence, que finalement il fut absous de ce qu'on le chargeoit[2]. Entre autres choses il insista fort sur les travaux et peines qu'il avoit soustenues

[1] Le roi « ne voulut pas user de toute la rigueur de justice et ne disposa point de la quatrième partie desdits biens, ainsi que portoit l'arrest. » (G. DE JALIGNY, 74.)

[2] Du moins de ce qui le pouvait faire déclarer criminel de lèse-majesté. Le parlement l'absout implicitement sur ce point lorsqu'il lui ordonne d'obéir à son arrêt « sur peine d'estre tenu et reputé crimineux de crime de leze-majesté et comme tel pugny. » (Voyez tome III, p. 147.)

pour le roy et le royaume, combien le róy Louys s'estoit monstré envers luy de bonne volonté et libéralité, et qu'il n'avoit rien fait par ambition ou avarice: que s'il se fust voulu enrichir, il en avait eu autant grand moyen qu'homme de sa qualité et estat[1]. »

Commynes, depuis un an, vivait retiré dans celui de ses domaines qu'on lui avait assigné comme lieu d'exil, lorsque sa femme le rendit père d'une fille[2]. Ce fut sans doute un adoucissement bien grand aux peines cruelles qui venaient de l'éprouver; mais ces peines elles-mêmes allaient bientôt cesser, avec la disgrâce où il était tenu. Dès le mois de décembre 1492, et plus tôt peut-être, le seigneur d'Argenton avait repris séance au conseil de Charles VIII[3]. Il n'y pouvait donner une preuve plus évidente de dévoue-

[1] J. SLEIDAN. (Voyez LENGLET, IV, I, 122-123.)

[2] J. SLEIDAN (Voyez LENGLET, IV, II, 123). — La naissance de cette fille fut précédée ou suivie de celle d'un autre enfant sur le compte duquel les divers biographes de Commynes ont gardé le silence, et qui apparemment mourut en bas âge. Le corps de cet enfant, inhumé dans l'ancienne église de Montsoreau, située sous la porte du château, fut exhumé vers le mois de mars 1520, et transféré dans la nouvelle église collégiale de Sainte-Croix dudit lieu. (BIB. ROY., Ms., *Collect. de D. Houssaye,* Anjou et Touraine, carton X, n° 4183.)

[3] RYMER, V, IV, 55.

ment et d'habileté qu'en se joignant, comme il
fit, aux serviteurs éclairés qui tâchaient de détourner le jeune monarque de la folle et téméraire pensée de porter la guerre en Italie, projet
« que tout homme saige et raisonnable blas-
moit[1] ». Des avis intéressés prévalurent sur les
conseils de la sagesse, et la conquête de Naples
fut entreprise sans armée, pour ainsi dire, et
sans argent[2]. Cette imprévoyance, toutefois,
n'empêcha point l'expédition de réussir d'abord
au delà de toute espérance et contre toute pro-
babilité. Grâce à l'irrésolution, à l'inexpérience
des troupes qu'il eut à combattre, Charles VIII
traversa rapidement l'Italie en triomphateur.

Quoique d'une opinion fortement contraire à
l'expédition projetée, Commynes avait été l'un des
premiers à cheval[3]. Il suivit son maître jusqu'en

---

[1] *Mémoires*, II, 330.

[2] Ce fut en route seulement qu'on s'avisa de songer à ce nerf de
la guerre. Charles VIII emprunta les bijoux de la duchesse de
Savoie et de la marquise de Montferrat : il les mit en gage pour
vingt-quatre mille ducats (II, 332-333). L'armée expéditionnaire
elle-même fut mise à contribution : le contingent de Commynes
fut de six mille ducats, « et n'y avoit nulz interestz. » (*Ib.*, 331.)
Une grosse *galleace*, qui lui appartenait, se joignit à l'armée de
mer ; elle était montée par le duc d'Orléans. (*Ib.*, 335.)

[3] *Mémoires*, II, 331.

la ville d'Asti, d'où, par suite des conseils de
Ludovic Sforce, plusieurs Français furent envoyés dans diverses cours. Le jeune roi, tout
en poursuivant ses projets par la voie des armes, voulait, par les menées de la diplomatie,
en rendre l'exécution plus certaine et plus facile.
Par ses ordres, le seigneur d'Argenton se dirigea
sur Venise [1] : c'était être placé au poste d'honneur; car de tous les États d'Italie, aucun n'était
alors plus habilement gouverné que cette république [2].

La mission de Commynes dura huit mois [3],
pendant lesquels, luttant de finesse avec les
rusés Vénitiens, il mit tout en usage pour empêcher la conclusion d'une ligue des États d'Italie contre Charles VIII [4]. Peut-être y eût-il réussi
et le roi eût-il rendu définitifs les succès extraor-
dinaires qui avaient marqué ses premiers pas,

[1] Vers la fin du mois de septembre 1494.

[2] « Pour aujourd'huy, je croy leurs affaires plus saigement con-
seillées que de prince ne communaulté qui soit au monde. » (*Mémoires*, II, 321.)

[3] *Mémoires*, II, 323, 409. Les trois derniers chapitres du livre VII
(II, 403–425) contiennent le récit de la mission de Commynes.
Nous avons cru inutile d'en reproduire les détails dans cette
Notice.

[4] Ce serait une heureuse découverte que celle des lettres et notes di-

si les affaires de la France n'eussent alors été con-
duites par des mains sinon coupables, au moins
inhabiles , qui rendirent infructueuses toutes
les démarches de Commynes, inutiles tous ses
travaux. La ligue se forma et finit par opposer
au roi de France l'insurmontable barrière devant
laquelle vinrent échouer toutes ses forces.

L'imprévoyance des conseillers de ce prince
lui avait créé de tels embarras qu'il dut enfin se
résoudre à rentrer en son royaume, laissant sa
conquête éphémère à la garde de quelques chefs
expérimentés. Cinq cents hommes d'armes français et deux mille cinq cents Suisses devaient
rester sous leurs ordres, le restant de l'armée,
groupé autour de la personne du roi, étant des-
tiné à faciliter sa retraite *par le chemin qu'il était
venu.* Déjà la marche rétrograde était commencée
et la cour réunie à Sienne, lorsque Commynes

plomatiques écrites par Commynes pendant le cours de son ambassade
à Venise. Nous en avons recouvré trois que l'on trouvera parmi les
PREUVES (III, 408-417). André Thevet (voyez LENGLET, IV, ii, 174.)
en signale d'autres dont il était possesseur et que malheureusement
il n'a pas publiées. « J'ay ricre moi, dit-il, quelques monuments,
registres et memoires des proces verbaux, qui ont esté dressés par
Tristan l'Hermite, de ce qui se passa au voyage d'outre-mer, ensemble quelques *lettres missives du seigneur d'Argenton ,* qui sont
fort nécessaires pour le discours d'une si celebre entreprise. »

reçut l'ordre de se rendre en cette ville. Il y vint exposer l'insuccès de sa mission, parla de l'inquiétude que lui causait la ligue italienne, pressant fort le roi de hâter son retour. Ces craintes et ce prudent avis, loin d'être favorablement écoutés, furent accueillis du prince et de son fol entourage par des rires incrédules et de fanfaronnes plaisanteries. Un temps précieux se perdit en amusements frivoles; et, lorsqu'on se remit en route, on commit la faute de laisser çà et là, dans les places que l'on quittait, des garnisons beaucoup trop faibles pour opposer une résistence efficace aux ennemis; trop fortes, cependant, en ce qu'elles diminuaient d'autant une armée au-devant de laquelle la ligue ne pouvait tarder à se présenter.

Ce cas, facile à prévoir, advint enfin le 5 juillet 1495. Charles VIII, continuant sa retraite, vint prendre logis au village de Fornoue, près duquel, en une position excellente, l'attendaient environ quarante mille Italiens. Les chances de la guerre ne semblaient pas devoir être favorables aux Français. Aussi, malgré leur jactance habituelle, les conseillers ordinaires du roi se montrèrent-ils, sur la proposition de Commynes, disposés à entrer en pourparler avec l'ennemi. Il s'agissait d'obtenir libre passage pour le roi de France, regagnant ses États presqu'en fugitif. Commynes fut autorisé à ouvrir cette voie d'accommodement, sans toutefois recevoir aucune instruction à ce sujet. Il entreprit cette négociation incertaine sans pouvoir s'en dissimuler la difficulté. Elle était plus grande pour lui que pour tout autre, car il craignait de trop s'entremettre, convaincu que sa conduite au commencement du nouveau règne avait laissé de la défiance contre lui dans l'esprit de ceux qui menaient le roi. Sa perplexité, du reste, ne fut pas de longue durée. Le sort des armes trancha la question qu'il s'agissait de résoudre. Les deux armées étaient trop près l'une de l'autre pour que l'on n'en vînt pas aux mains. La victoire, d'abord, sembla favoriser les Italiens ; mais bientôt l'impétuosité française rétablit la balance égale. Puis les troupes de la ligue, refoulées sur elles-mêmes après une charge brillante, furent prises d'une terreur panique et s'enfuirent de tous côtés. Elles abandonnèrent aux Français , si voisins d'une défaite, le champ de bataille et la liberté du retour. Néanmoins cette victoire inespérée ne rompit pas le cours des négociations de Commynes. Il les poursuivit par l'ordre du

roi, mais sans plus de succès [1]. Si Charles VIII,
au lieu de mettre ainsi les Italiens à même de re-
prendre l'offensive, eût vigoureusement donné
la chasse à leurs troupes, il eût, à coup sûr, rem-
porté l'une des plus grandes et profitables vic-
toires dont l'histoire contemporaine fasse mention. Pour n'avoir pas su prendre ce parti, le
roi se vit bientôt contraint à battre en retraite
et passer dans le Montferrat, sans cesse harcelé
et mis en péril par les attaques journalières de

[1] Les événements, d'ailleurs, marchaient avec une rapidité qui
déconcertait les lenteurs calculées de ces sortes de conférences.
L'accommodement devait se traiter entre gens qui n'avaient point
de propositions à faire, ou ne pouvaient accéder à rien sans en avoir
référé préalablement à un pouvoir absent. La bataille de Fornoue
avait été donnée le 6 juillet 1495, et ce ne fut que le 22 de ce mois
seulement que le sénat de Venise adressa ses ordres aux provéditeurs généraux qui les lui avaient demandés. Un passage de ces
instructions, qui étaient demeurées secrètes jusqu'à ces derniers
temps, trouvera naturellement sa place en cet endroit. On y voit
quelle idée avaient les sénateurs vénitiens de l'habileté diplomatique de Commynes.

« Monseigneur d'Argenton, dites-vous, a demandé un sauf-conduit de quatre jours pour venir dans le camp, accompagné de quarante cavaliers, afin de traiter d'un accord avec vous? Nous apprenons
aussi, par la voie de Milan, que ce sauf-conduit lui est déjà délivré.
Nous vous dirons là-dessus notre sentiment : nous connoissons ledit
seigneur d'Argenton pour une personne aussi habile et sagace qu'on
le puisse exprimer, ainsi que nous l'avons éprouvé pendant son

cette armée que, pendant un moment, il avait été le maître d'anéantir.

Nous n'écrivons pas l'histoire de la folle expédition d'Italie, mais bien celle de Commynes, et devons nous borner au récit des faits auxquels, durant le cours de cette entreprise, notre historien eut part, soit comme conseiller, soit comme acteur. Quoique ses avis fussent généralement reçus avec peu de sympathie, son zèle ne se ralentit point. Il voyait la situation empirer de jour en jour,

séjour dans notre ville. Par diverses ouvertures insidieuses qu'il vous a faites avant et après la rencontre des deux armées, vous avez dû vous-même apprendre à le connoître. Le nombre de cavaliers qu'il mène avec lui, et sa liaison intime avec le duc d'Orléans, nous font tenir pour indubitable que sa venue est à quelque mauvaise et dangereuse fin, et cache quelque pensée pernicieuse. Nous aimerions mieux qu'on ne l'eût point reçu, mais la chose étant faite à cette heure, nous vous commandons qu'en aucune manière vous ne le laissiez s'arrêter au milieu de notre armée, qu'il soit congédié immédiatement, ainsi que tous ses gens, de telle sorte qu'aucun ne reste ; qu'ils soient tous surveillés et accompagnés, afin qu'ils ne puissent parler ni tenter aucune pratique avec les nôtres, et que surtout nul d'entre eux ne puisse entrer ni envoyer de message dans la ville de Novarre, par quelque voie et sous quelque prétexte que ce soit. » (*Journal général de l'instruction publique*, 1846, p. 470.) — M. Paul de Musset, à qui l'on doit la connaissance et la traduction de ce document, a rapporté de sa mission en Italie un grand nombre d'autres pièces intéressantes dont les copies ont été déposées à la Bibliothèque royale par ordre de M. de Salvandy.

et il ne lui semblait possible de sortir d'embarras
que par les voies de la diplomatie. Celle des
armes, il ne l'ignorait pas, souriait plus à d'autres
conseillers et au roi lui-même. Il y avait donc du
courage, tout à la fois, et de la sagacité politique à
presser le roi, comme il fit, à proposer la paix
aux Italiens : c'était le seul moyen de salut pour
tant de braves capitaines qui demeuraient assiégés
et non secourus dans les places que l'ennemi n'a-
vait pas encore reprises. A ceux qui trouvaient
quelque honte pour le roi de France à porter
les premières paroles d'accommodement, il répondait, en *bon médiateur,* qu'il sauroit bien *le
faire parler en sorte que l'honneur des deux
costez y seroit bien gardé.* Ses conseils furent
enfin écoutés, et le traité de Verceil, auquel il
coopéra puissamment, rendit la liberté au duc
d'Orléans, assiégé dans Novarre, et permit à
Charles VIII et à son armée de se retirer en
France avec les honneurs de la guerre. Bien que
les provéditeurs vénitiens eussent assisté à toutes
les conférences des plénipotentiaires français et
italiens, et accédé à tous les articles du traité,
cette convention ne pouvait engager la république
de Venise qu'autant que le sénat y aurait acquiescé. Charles VIII envoya donc Commynes à

Venise avec charge de faire ratifier par le sénat ce qui avait été conclu. La seigneurie, après quinze jours de délibérations, refusa son adhésion aux articles du traité, offrant en échange un projet d'appointement que Commynes promit de soumettre au roi. De Venise, le seigneur d'Argenton se rendit à Milan pour sommer le duc, signataire du traité, d'en exécuter diverses clauses. Mais ce prince, plein de mauvaise foi, éluda toujours de répondre catégoriquement et força Commynes à prendre congé de lui sans avoir pu rien en obtenir que la promesse mensongère d'accomplir bientôt tous ses engagements. Les ennemis de Commynes se réjouirent de ce petit échec de notre diplomate. « Ceulx, dit-il, qui avoient esté courroucez de la paix de Versay furent fort joyeulx de la tromperie que nous avoit faict le duc de Millan, et en creut leur auctorité : et me lavèrent bien la teste, comme on a accoustumé de faire aux courts des princes, en semblable cas. Bien estoye iré et marry. Je comptay au roy et monstray par escript l'offre que les Venissiens luy faisoient, que avez entendu devant : dont il ne feit nulle estime, et moins encore le cardinal de Sainct Malo, qui estoit celluy qui conduisoit tout. »

Ici se termine la carrière d'activité de Commynes. Rentré en France avec Charles VIII, il continua son service auprès de ce prince, sans autre part au maniement des affaires que son vote au conseil. Il venait de s'absenter de la cour pour aller à son château d'Argenton, où il était à peine arrivé depuis huit jours, quand la nouvelle de la mort malheureuse du roi parvint jusqu'à lui. En toute hâte il se rendit à Amboise et passa cinq ou six heures en prières auprès du corps du défunt roi, auquel il ne garda jamais rancune pour les mauvais traitements qu'il en avait reçus. « Je croy, dit-il en parlant de ce prince, que j'ay esté l'homme du monde à qui il a plus fait de rudesse ; mais cognoissant que ce fut en sa jeunesse, et qu'il ne venoit point de luy, ne lui en sceuz jamais mauvais gré. » Le lendemain il se présenta, non sans espoir d'un bon accueil, à l'audience du nouveau roi, « de qui, dit-il, avoye esté aussi privé que nulle autre personne, et pour luy avoye esté en tous mes troubles et pertes ; *toutesfois pour l'heure ne luy en souvint point fort.* » Le duc d'Orléans, en montant sur le trône avait perdu la mémoire des services tout aussi bien que celle des injures. Un aussi délié courtisan que Commynes eût dû le prévoir ; mais les plus fins s'y laisseront toujours prendre. Le seigneur d'Argenton éprouva un désappointement qui se trahit dans les paroles mêmes, si réservées qu'elles soient, que l'on vient de lire.

Au reste, peut-être bien Louis XII, dont le noble mot est à juste titre tant vanté, n'était-il pas aussi oublieux qu'il pensait l'être. La vivacité des désirs ambitieux du duc d'Orléans avait été telle, il avait mis un si grand prix à leur accomplissement[1], que tout ce qui leur faisait obstacle, même dans les vues les plus droites, lui semblait un outrage. Commynes, en fidèle conseiller de Charles VIII, avait hautement désapprouvé des projets qui, sans autre but que l'élévation personnelle d'un homme, compromettaient le sort de toute une armée. Le souvenir assez récent de ces contrariétés ne pourrait-il pas avoir contribué, tout autant qu'une sage politique, à bannir de la mémoire de Louis XII celui d'un dévouement éprouvé, mais plus ancien? Sans insister plus qu'il ne faut sur ce point, contentons-nous d'observer avec Commynes, que le nouveau monarque « saigement entra en possession du royaulme : car il ne mua riens des pensions... Il osta peu d'offices, et dict qu'il vouloit tenir tout

____
[1] *Mémoires*, II, 511.

homme en son entier et estat; et tout cela luy
fut bien seant. Et le plustost qu'il peut il alla à
son couronnement [1]. »

Notre historien fut présent à cette brillante
cérémonie au simple titre, à ce qu'il paraît, de
membre du Grand Conseil. Il n'en exerça plus
longtemps les fonctions : du moins son nom ap-
paraît-il pour la dernière fois parmi ceux des
seigneurs qui composaient ce corps important
dans la séance du 26 juillet 1498[2]. Depuis lors il
semble être rentré dans la vie privée, dont il ne
sortit plus, à son grand regret. A défaut de preuves
positives, nous serions sans doute suffisamment
autorisés à supposer qu'il en fut ainsi pour
un homme habitué de longue date au maniement des affaires publiques, et qui se voyait
condamner au repos dans toute la force de son
jugement, dans tout l'acquis de son expérience;
mais les preuves ne nous manquent point [3].
Elles étaient demeurées inconnues jusqu'à ce jour.

En 1505, en effet, Commynes tenta de sortir
de son inactivité forcée. Un grand seigneur ve-

[1] *Mémoires*, II, 596.

[2] ARCHIVES DU ROYAUME, *Parlement*, grand conseil, reg. de
1497 à 1505.

[3] Voy. III, 172-179.

nait d'être disgracié et son procès jetait quelque trouble parmi les courtisans, et jusqu'au sein de la famille royale : on parlait, en outre, d'une guerre avec le comte de Flandres. Ces temps de *brouillis*, pour nous servir d'une expression de Commynes, sont généralement propices aux mutations de cour. Le seigneur d'Argenton crut le moment opportun pour essayer de ressaisir la faveur échappée. Secondé par sa belle-sœur, attachée à la maison de la reine, il obtint la protection de cette princesse, et, par celle-ci, un bienveillant accueil du roi. A cela, néanmoins, se bornèrent les effets de la haute intervention d'Anne de Bretagne. Il fallut se résigner à n'assister plus que comme spectateur aux grandes scènes de la politique.

Un peu moins d'une année avant ces infructueuses tentatives, Commynes avait conduit à bonne fin une entreprise non moins importante pour lui. Sa fille, Jeanne de Commynes, épousa, par contrat du 13 août 1504 [1], René de Brosse, comte de Penthièvre, vicomte de Bridiers, seigneur de Boussac, petit-fils du célèbre maréchal de Boussac, et, du chef de sa mère, héritier des droits ou prétentions de celle-ci au duché de

---

[1] Voy. III, 161-171, la Preuve XXXV.

Bretagne. Bien qu'il se qualifiât « très-haut, puissant et redoutable seigneur, » René de *Bretagne*, dont il semble que les affaires étaient quelque peu compromises, avait dû recourir à l'intervention de Commynes pour sortir momentanément d'embarras ; mais l'état de gêne où l'avaient mis ses prodigalités subsistait toujours. Par son mariage avec la fille unique de son principal créancier, il éteignit ses plus fortes dettes, recevant de plus, outre une somme assez forte, la perspective de riches héritages. Cette union, favorable aux deux parties, a fait passer le sang de Commynes, de descendance en descendance, dans les veines de plus d'un souverain [1]. Le comte de Penthièvre, cependant, ne recueillit pas de son mariage tous les profits qu'il s'en était promis, sans doute, en le contractant. Nous avons vu la plupart des domaines que Louis XI avait donnés à Commynes enlevés à celui-ci par revendication des possesseurs légitimes. Il en devait être de même pour les autres biens dont il s'était enrichi par son mariage. Commynes, il est vrai, ne vécut pas assez pour se voir des-

[1] Godefroy et Lenglet, d'après lui, ont donné une généalogie de Commynes dans laquelle, en ligne descendante, figurent des rois de France, d'Espagne et de Portugal. Nous extrairons de ce ta-

saisi[1] des seigneuries d'Argenton, de Villentras
et d'autres biens qu'Hélène de Chambes lui avait

bleau la ligne qui aboutit à la France, en la continuant de 1747
(date de l'édition de Lenglet) jusqu'à nos jours.

I. Philippe de Commynes. — Hélène de Chambes.

II. Jeanne de Commynes. — René de Brosse.

III. Charlotte de Brosse. — François de Luxembourg.

IV. Sébastien de Luxembourg. — Marie de Beaucaire-Pui-
guillon.

V. Marie de Luxembourg. — Philippe-Emmanuel de Lorraine.

VI. Françoise de Lorraine. — César, duc de Vendôme.

VII. Élisabeth de Vendôme. — Charles de Savoie.

VIII. Marie-Jeanne-Baptiste de Savoie. — Charles-Emma-
nuel II, duc de Savoie.

IX. Victor-Amédée II, duc de Savoie. — Anne-Marie d'Orléans.

X. Marie-Adélaïde de Savoie. — Louis, duc de Bourgogne.

XI. Louis XV, roi de France. — Marie Leczinska.

XII. Louis, Dauphin. — Marie-Josephe de Saxe.

XIII. Charles X, roi de France. — Marie-Thérèse de Savoie.

XIV. Charles-Ferdinand, duc de Berry. — Caroline-Ferdi-
nande-Louise de Naples.

XV. Charles-Ferdinand-Marie-Dieudonné, duc de Bordeaux.

Ajoutons, avant de terminer cette note, que de René de Brosse
et de Jeanne de Commynes naquit ce Jean de Brosse qui, pour rentrer dans les biens dont sa famille avait été dépouillée, condescen-
dit lâchement à prendre pour femme la maîtresse de François Ier,
Anne de Pisseleu, depuis duchesse d'Estampes.

[1] Du moins complétement, car ce fut le 22 août 1508 que le
parlement rendit un arrêt portant que des « commissaires non sus-
pectz ne favorables seront commis, soubz la main du Roy, au regime
et gouvernement des villes, terres, seigneurie d'Argenton, revenu,

apportés en dot, mais ce fut de son vivant et contre lui ou les siens que furent dirigées les premières poursuites du long procès qui, transmis et continué de générations en générations, ravit enfin à ses héritiers les propriétés en litige. Disons, aussi brièvement que possible, quels furent l'origine et le fondement de ce procès.

Brunissent d'Argenton, aïeule d'Hélène de Chambes, avait, par contrat du 21 juin 1422, épousé Thibaut Chabot, seigneur de la Grève, mort en 1429, le 12 février, à la bataille de Rouvrai, dite *des Harengs :* de cette union étaient issus un fils (*Louis*) et deux filles (*Catherine,* mariée à Charles de Chastillon, et *Jeanne,* mariée à Jean de Chambes). Louis Chabot, héritier des seigneuries de la Grève, du Petit-Château, de Montcontour, etc., demeura en la garde de sa mère jusqu'au moment où il atteignit sa quatorzième année. Alors « on luy créa pour tuteur

justice et fruitez d'icelles et de ce qui en dépend, qui seront tenuz en rendre compte et reliqua quant et à qui par ladite court ou justice en sera ordonné ; et au regard du chastel et demeure d'icellui, elle sera et demourra ausditz appellans (Commynes et sa femme), comme *personnes estranges, en payant par chacun an* ausditz commissaires ce que la dicte demeure *sera trouvee valloir raisonnablement.* » (Archives du roy., *Parlement,* Conseil, reg. XLIX, fol. 225, recto.)

Guillaume, seigneur d'Argenton, son ayeul maternel qui, durant le temps de la tutèle, aliéna plusieurs belles terres de son mineur [1], » et mourut sans avoir rendu aucun compte à ce dernier. Louis Chabot intenta procès au fils et universel héritier de Guillaume, Antoine d'Argenton, son oncle, « qui, par transaction passée le 27e jour de juillet, l'an 1460, luy céda la baronnie d'Argenton avec les chastellenies des Mottes de Copoux et Brisson, Villentras, Gourgé, Lairegodeau, le Buignon en Gastine, Souvigné, Vauzelle, la Carrie, et généralement tous ses biens, pour demeurer quitte vers luy de l'aliénation de ses propres, faite par feu Guillaume d'Argenton [2]. » Les choses étaient ainsi réglées lorsqu'Antoine d'Argenton vint à mourir (1461) sans postérité. Brunissent d'Argenton, comme sœur aînée, se porta héritière du défunt, recueillit sa riche succession au détriment de Louis Chabot, et la céda et transporta, sous prétexte de s'acquitter de certaines rentes, à Jean de Chambes, époux de Jeanne Chabot. De là procès en revendication contre Jean de Chambes d'abord, puis Commynes, Hélène de Chambes, sa veuve,

---

[1] DUCHESNE, *Histoire de la maison de Chastillon,* 499.

[2] ID., *ibid.,* 500.

René et Jean de Brosse, son gendre et son petit-fils; procès commencé par Louis Chabot en 1469, et successivement repris et continué par Jean de Chastillon, son neveu, et les enfants et petits-enfants de celui-ci (Tristan, Claude Ier et Claude II de Chastillon). Au 13 mai 1560 le débat existait encore entre ce dernier et Jean de Brosse, duc d'Étampes. Un arrêt en date de ce jour donna gain de cause, sur tous les points, aux représentants de Louis Chabot[1]. Ainsi prit fin cette longue procédure que deux générations de plaideurs ne suffirent point à terminer[2].

---

[1] DUCHENE, *Histoire de la maison de Chastillon*, 514.

[2] C'est dans l'une des requêtes présentées par les poursuivants que nous avons trouvé la date véritable du décès de notre historien. Dans cette pièce, produite au mois de mai 1526, Tristan de Chastillon demande l'exécution d'un arrêt qui avait condamné Hélène de Chambes à solder les arrérages d'une certaine somme annuelle, payable *intégralement* depuis le jour fixé par l'arrêt jusques au jour de la mort de Commynes, et pour *moitié* seulement à partir du décès. (ARCHIVES DU ROY., *Parlement*, Conseil, reg. LXVII, fol. 229, recto). Nous avons fait connaître l'issue de ce procès, il avait commencé pour Commynes (au temps de sa faveur, il est vrai) sous des auspices assez heureux pour qu'on n'en dût pas prévoir une aussi triste fin. Le 10 juillet 1473, un arrêt du parlement l'avait remis, ainsi que sa femme, « es droicts qu'ils avoient en la succession de feu messire Antoine d'Argenton et de feu Brunissent d'Argenton. » Le même arrêt avait condamné « messire Louis Chabot, chevalier, seigneur de la Grève, en 15 000 livres parisis d'amende

Quelques-uns des châteaux que les différents arrêts du parlement firent rentrer en la possession des héritiers directs de Louis Chabot avaient été construits ou réédifiés par Commynes, celui de Villentras notamment, au dire de l'abbé de Marolles [1]. Il fit, par ordre de Louis XI, rebâtir les châteaux de Chinon, dont ce prince l'avait nommé capitaine (ces châteaux étaient au nombre de trois, « et séparés par fossés profonds et ponts levis); ce qu'il fit avec tant de soing et de diligence qu'il les rendit, en huit mois de temps, meilleurs et plus forts qu'ils n'estoient auparavant. Il fit faire par derrière une forte tour, fort profonde, qui a retenu son nom et qui s'appelle encore la *Tour d'Argenton :* ses armoiries y sont encore, relevées en pierre. Mais ce qu'il a fait de plus beau à Chinon, c'est l'église de Saint-Estienne, qu'il fit bastir en mesme temps dans l'espace de dix mois, et qui est une des belles chapelles de France, sans pilliers, fort longue et fort large, si délicatement bastie et d'une architecture si

envers le Roy, et à garder prison jusques à fin de payement, comme *convaincu d'avoir falsifié* des lettres et suborné des témoins au sujet des dites successions. » (BIB. ROY. , *Cabinet des titres.* Villevieille, au mot *Comines.*)

[1] *Les Histoires des anciens comtes d'Anjou,* II, 64. — Pour ce qui concerne Argenton, voy. ci-dessus, pages LXXVI et LXXVII.

hardie que chacun l'admire encor aujourd'huy. Ses armes sont au-dessus du grand portail. Il n'y a qu'un clocher, à main droite en entrant, qui est fort superbe, et il paroist qu'il y en devoit avoir encor un autre semblable de l'autre costé. Mais apparemment l'absence du roy, qui obligea Philippes de Commines à le suivre, luy fit quitter cette entreprise [1]. » Commynes, enfin, fit élever une chapelle sous l'invocation de Notre-Dame de Riva, au fond de l'église du couvent des Grands-Augustins, à Paris.

Les dernières années de la vie de notre histo-

---

[1] Daguindeau, *Particularités sur la vie de Commynes.* (Bib. roy., *Mss. de Fontette.*) « Deffunt M⁰ Guillaume Daguindeau, mon oncle, fameux et très-docte advocat à Chinon, qui estoit né en 1606, m'a dit qu'en sa jeunesse, et lorsqu'il venoit des estudes, il alloit souvent au chasteau dont M. de Rouville estoit gouverneur, et qu'il y a veu et leu plusieurs memoires et manuscritz fort anciens qu'il croyoit estre de la main de Philippes de Commines, concernant les marchés et les depenses des bastimens qu'il a fait faire aux chasteaux et celluy de l'église Saint-Estienne, et qu'il paroissoit que c'estoit un nommé Robert Mesnager qui en estoit l'architecte et entrepreneur : mais depuis, comme ce chasteau a esté aliené et qu'il est tombé en la main d'un seigneur particulier, qui en a commis la garde à des gens de qualité qui n'y residoient pas et qui le faisoient garder par leurs domestiques fort ignorans, ils ont laissé perir ces memoires. On dit pourtant qu'un procureur qui est mort et qui s'appelloit Verneau, en a tiré des copies ou des extraits. »

rien, attristées par les débats que nous venons de retracer, furent troublées encore par d'autres luttes judiciaires. Il en est que nous ne pouvons passer sous silence. Inquiété dans la jouissance de ses droits seigneuriaux dont il n'était pas homme à vouloir restreindre les limites, Commynes recourut parfois à la violence pour rentrer en possession de priviléges qu'il croyait lui appartenir. Par exemple, ensuite de quelques démêlés avec Jean Le Mastin, écuyer, seigneur de la Roche-Jaquelin, il fit briser les élégants vitraux de l'église de Voulgeton, sur lesquels étaient peintes les armoiries de son adversaire. Cet exploit valut au seigneur d'Argenton un jugement de condamnation, rendu par le sénéchal de Poitiers, en tous dépens, dommages et intérêts[1]. Une autre fois, il veut contraindre René de Sanzay à faire aveu qu'il (René) tient la haute justice de Sanzay, « à cause de son chastel et seigneurie d'Argenton. » Débouté à cette prétention, Commynes ne se tient pas pour battu : il envoie ses officiers exploiter au bourg de Boesse, situé dans le ressort de Sanzay. Un second arrêt lui enjoint

---

[1] D. Fonteneau, XL, 40 (Renseignement communiqué par M. Rédet, archiviste du département de Maine-et-Loire.) Le jugement est du 20 mars 1503.

I.   i

« de ne troubler ne empescher ledit de Sanzay
en la joyssance et exercice de sa haulte justice
de Sanzay…, » et le condamne « en la somme de
deux mil livres parisis[1]. » L'église paroissiale de
ce bourg de Boesse servait depuis longtemps de
lieu d'inhumation aux divers membres de la famille de Sanzay, dont les armoiries étaient placées dans le chœur et sur les côtés intérieurs de
ladite église. Commynes tenta de les en faire dis-
paraître, ainsi que les monuments sépulcraux
où les mêmes armes étaient sculptées. Deux jugements, l'un du 9 mai 1506[2], l'autre du 15 septembre 1508[3], maintinrent les opposants dans
leurs droits et priviléges.

Trois ans un mois et quelques jours après le
prononcé de ce second arrêt, Philippe de Commynes rendait le dernier soupir. Il mourut au château d'Argenton, qu'il n'occupait plus que comme
simple locataire[4], à l'âge d'environ soixante-quatre
ans, le 18 octobre 1511[5]. En d'autres temps, sa
mort eût été presque un événement politique; mais

---

[1] Archiv. du roy., *Parlement*, Conseil, reg. LI, fol. 159 recto.

[2] Id., Sentences des requêtes du Palais (16 juillet 1506-1507).

[3] Id., *ibid.*, 1507-1508.

[4] Voy. ci-dessus, page cxxiii, note 1.

[5] Et non le 17 octobre 1509, comme l'ont répété tous ses biographes, d'après Sleidan. Voy. ci-dessus, page vx, note 1.

la fortune avait changé. Sa mort cependant fut assez remarquée pour avoir inspiré à un écrivain, resté inconnu, une sorte de poëme moitié en vers, moitié en prose, dans lequel elle est déplorée[1].

Les restes mortels de Commynes furent transférés à Paris, et inhumés dans la chapelle dont il était le fondateur, au couvent des Grands-Augustins. Ceux de la comtesse de Penthièvre ne tardèrent pas à leur être réunis[2]; et plus tard Hélène de Chambes vint rejoindre son époux et sa fille à ce dernier rendez-vous[3]. Un monument funéraire fut élevé en ce lieu, par les soins de René de Bretagne, à la mémoire de Philippe de Commynes et de sa femme. Leurs statues, placées sous un tombeau commun[4], représentaient, l'une

[1] Ce poëme avait pour titre : *Le Sejour de deul pour la mort du bon seigneur messire Philippe de Commines, seigneur d'Argenton.* Il s'en trouvait un exemplaire, orné de dix-sept riches miniatures, dans la bibliothèque du château d'Anet. Il fut acheté par le cardinal Dubois, dans le catalogue duquel il est décrit sous le n° 5418 (*Bibliotheca Duboisiana,* I, 545). Nous n'avons pu suivre ses traces au delà.

[2] Jeanne de Commynes mourut le 19 mars 1514 (LENGLET, IV, II, 153.)

[3] Elle vivait encore le 10 mars 1530 (ARCHIV. DU ROY. *Parlement,* Matinées, reg. CIX, fol. 415 verso.)

[4] « Orné, à ses angles, d'une feuille d'acanthe. Au milieu, entre les écussons de Commines et de son épouse, est une gerbe de bled, liée avec un ruban sur lequel on lit cette devise : QUI NON LABO-

Commynes, avec les cheveux courts, vêtu d'un manteau écussonné à ses armes, les mains jointes, et agenouillé devant un prie-Dieu en forme de lion ; l'autre, Hélène de Chambes, auprès de son mari, coiffée d'une espèce de guimpe, avec une croix au cou, et agenouillée devant un prie-Dieu en forme d'autel antique, orné d'une gerbe entre deux cornes d'abondance. Au-dessus étaient les armes d'Hélène, mi-partie de la Clite-Commynes et de Chambes-Argenton [1].

La chapelle qui renfermait ce pieux monument est tombée sous les coups des démolisseurs ; mais les deux statues ont été préservées et furent d'abord recueillies dans le Musée des Petits-Augustins : elles font aujourd'hui partie de la galerie de sculpture, à Versailles. En observant celle de Commynes, on peut juger que, comme l'a dit Sleidan, «il estoit beau personnage et de haute stature. » Voilà pour les qualités du corps : quant à celles de l'esprit, laissons continuer son panégyriste. Le seigneur d'Argenton, dit-il, « sçavoit assez bien parler en italien, allemand, et en es-

BAT, NON MANDUCAT, *qui ne travaille pas ne doit pas manger.* Cette gerbe et cette devise appartiennent à la maison de Penthièvre. » (MILLIN, *Antiquités nationales,* III, XXIV, 41.)

[1] ID., *ibid.*

pagnol, mais surtout il parloit bon françois : car il avoit diligemment leu et retenu toutes sortes d'histoires escrites en françois et principalement des Romains. Il conversoit fort avec gens d'estrange nation, desirant par ce moyen apprendre d'eux ce qu'il ne sçavoit point : et d'autant qu'il avoit en singulière recommandation de bien employer son temps, on ne l'eust jamais trouvé oisif. Sa mémoire estoit merveilleuse.... Comme il vint sur l'âge, il regrettoit de n'avoir esté dès sa jeunesse instruit en la langue latine, et souvent déploroit son malheur en cela [1]. »

Cette direction spéciale vers l'histoire que Commynes donnait à ses lectures, son heureuse disposition à ne jamais demeurer oisif, tout semblait le pousser à entreprendre l'ouvrage qui a rendu son nom immortel. Pour laisser à la postérité un monument digne d'éloges, il lui suffisait presque d'un talent vulgaire; il n'avait qu'à se souvenir. Lorsque des loisirs forcés semblèrent le condamner au repos, il se mit courageusement à l'œuvre[2],

[1] Lenglet, IV, ii, 122.

[2] Commynes écrivit les six premiers livres de ses Mémoires de 1488 à 1494 (voy. I, 13, note 2; II, 161, note 2, 188, note 1; 285, note 1), et les deux derniers de 1497 à 1501 ou peut-être plus tard encore (voy. II, 300; 319; 483; 596, note 1, et 384, note 3.)

et, interrogeant sa mémoire, traça le tableau fidèle et plein de vie de deux règnes dont les principaux acteurs avaient, pour ainsi dire, posé devant lui. Avec moins de talent, disions-nous, il eût encore su intéresser. Le prompt et universel succès de ses *Mémoires*[1], prouve qu'ils offrent toutes les qualités qu'un excellent juge[2] s'est plu à y reconnaître, *les charmes d'un langage naturel et flexible, qui reçoit toute l'empreinte des pensées et les laisse voir dans leurs vraies nuances, l'intérêt, le récit vivant et naïf d'un témoin oculaire, joints à une profonde connaissance des hommes et des affaires.*

Comme nous ne prétendons pas (et nous nous en expliquerons tout à l'heure) énumérer ici tous les éloges donnés à notre historien, il n'entre pas davantage dans notre plan d'enregistrer les diverses critiques qu'on en a faites ; mais il convient, ce nous semble, d'examiner rapidement

---

[1] On a vu dans la *Préface* avec quelle rapidité se succédèrent les premières éditions du texte des *Mémoires*. Le nombre des réimpressions qui en ont été faites depuis le xvie siècle jusqu'à nos jours est trop considérable pour que nous en puissions donner ici la nomenclature. Ils furent traduits dans presque toutes les langues de l'Europe. (Voy. *Bibliothèque historique de la France*, 3e édition, II, 205.)

[2] M. de Barante. Voy. *Biogr. univ.*, IX, 352.

deux propositions hasardées contre l'intégrité d'une partie de ses *Mémoires*, et l'authenticité de l'autre. Beaucaire [1], sur l'affirmation d'un homme *digne de foi*, déclare que les *Mémoires* de Commynes ont subi de graves mutilations dont le président de Selve se serait rendu coupable. Godefroy [2] et Baluze [3] ont victorieusement réfuté cette mensongère accusation, qui ne porte, à ce qu'il paraît, que sur les six premiers livres des *Mémoires*. Pour ce qui est des septième et huitième livres, un Dijonnais, célèbre par l'étendue de son savoir, s'était imposé la tâche difficile de démontrer que Commynes n'en est pas l'auteur. Le *Mémoire* dans lequel Philibert de La Mare a consigné les preuves de cette assertion est demeuré inédit. Nous ne nous en affligeons guère, bien que les continuateurs du père Le Long [4], qui sans doute avaient lu cet écrit, assurent qu'il *paroît bien fort*.

Il était dans les habitudes des éditeurs du XVIIe siècle de réunir comme en un faisceau tous

[1] *Rerum gallicarum Commentarii*, auctore Fr. Belcario. Lugduni, 1625, fol., 188, 189.
[2] LENGLET, IV, I, 356.
[3] Voy. BAYLE, au mot *Selve*.
[4] *Bibl. hist. de la France*, IV, I, 393.

les éloges qui pouvaient avoir été donnés, en quelque temps et par qui que ce fût, à un auteur dont ils publiaient les œuvres. Les Godefroy n'ont pas manqué de se conformer à cette coutume, et Lenglet, pour demeurer fidèle à son plan, a dû les imiter. Nous ne les suivrons pas dans cette voie : ce serait, sans grand profit pour le lecteur, augmenter la longueur de cette Notice. Mais, parmi tant de *témoignages*[1] rassemblés par nos devanciers, il en est un que nous ne voulons point passer sous silence, car, à notre avis, il offre la plus exquise appréciation que jamais on ait faite des divers genres de mérites de notre historien. C'est Montaigne qui l'inscrivit en tête de son exemplaire des *mémoires* de Commynes. « Vous y trouverez, dit-il, le langage doulx et agréable, d'une naïfve simplicité; la narration pure, et en laquelle la bonne foy de l'aucteur reluit évidemment, exempte de vanité parlant de soy, et d'affection et d'envie parlant d'aultruy ; ses discours et enhortements accompaignez plus de bon zele et de verité, que d'aulcune exquise suffisance, et, tout par tout, de l'auctorité et gravité, représentant son

[1] Lenglet, IV, ii, 155-178.

homme de bon lieu, et eslevé aux grands affaires [1]. »

Pourrait-on rien ajouter à ces éloges qui n'affaiblît la haute et juste idée qu'ils donnent de l'esprit éminent qui les a mérités?

[1] MONTAIGNE, *Essais*, liv. II, chap. x.

E. DUPONT.

FRAGMENTS DU SCEAU DE COMMYNES.
(Voy. page xiii, note 1.)

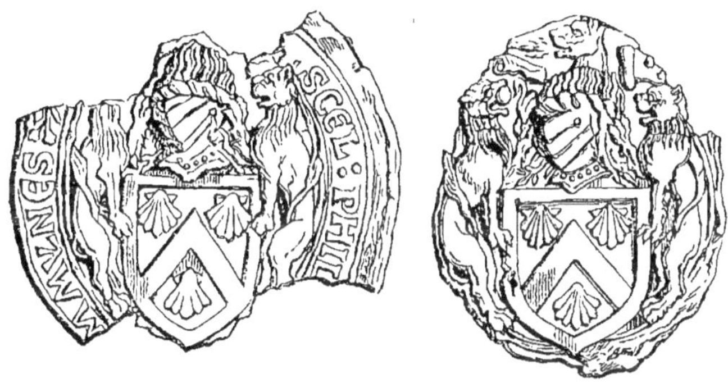

LISTE

DES OUVRAGES CITÉS DANS LES ANNOTATIONS

SUR LES

MÉMOIRES DE COMMYNES.

Acta sanctorum. Voy. BOLLANDUS.

ALBINO (Giovanni). De gestis regum Neapo. ab Aragonia qui extant libri IV. Neapoli, J. Cochius, 1589, in-4°.

ALDIMARI (Biagio). Historia genealogica della famiglia Carafa. In Napoli, 1691, in-fol.

AMMIRATO (Scipione). Delle famiglie nobili fiorentine, parte prima. In Firenze, G. Donato e B. Giunti, 1615, in-fol.

Anglia sacra, sive collectio historiarum..... de archiepiscopis et episcopis Angliæ (autore H. WHARTON). Londini, R. Chiswel, 1691, 2 vol. in-fol.

Annales de la Société d'émulation pour l'histoire et les antiquités de la Flandre occidentale. Bruges, 1839-(1841), 3 vol. in-8°.

ANSELME (le P.). Histoire généalogique et chronologique de la maison royale de France. Troisième édition. Paris, libraires associés, 1726-1733, 9 vol. in-fol.

Aperçu succinct sur l'ordre des chevaliers de Saint-George du comté de Bourgogne. Vesoul, Bobillier, 1834, in-8°.

ARCÈRE. Histoire de la ville de la Rochelle et du pays d'Aulnis. La Rochelle, 1756, 2 vol. in-4°.

Archæologia : or Miscellaneous tracts relating to antiquity. Published by the Society of Antiquaries of London. (London,) 1770-1839, 27 vol. in-4°.

Art (l') de vérifier les dates. Troisième édition. Paris, A. Jombert, 1783 1787, 3 vol. in-folio.

AUBERY. Histoire générale des cardinaux. Paris, J. Jost et M. Soly, 1642-1649, 5 vol. in-4°.

AUTON (Jean d'). Chroniques publiées par Paul L. (Lacroix) Jacob, bibliophile. Paris, Silvestre, 1834-1835, 4 vol. in-8°.

BARANTE (de). Histoire des ducs de Bourgogne de la maison de Valois, avec des remarques par le baron de Reiffenberg. Sixième édition. Bruxelles, Meline, 1836, 10 vol. in-8°.

Barante (de). Histoire des ducs de Bourgogne de la maison de Valois. Nouvelle édition enrichie d'un grand nombre de notes par M. Gachard. Bruxelles, A. Wahlen, 1838, 2 vol. gr. in-8°.

Barthold (F. W.) George von Frundsberg, oder das deutsche Kriegshandwerk zur zeit der Reformation. Hamburg, F. Perthes, 1833, in 8°.

Bembo (Pietro). Della istoria viniziana libri dodici. In Vinegia, 1790, 2 vol. in-4°.

Bibliothèque de l'École des Chartes. Paris, 1840-1845, 5 vol. in-8°.

Blanchard (François). Catalogue de tous les conseillers du parlement de Paris, depuis l'an mil deux cent soixante jusques à présent.

A la suite de l'ouvrage, du même auteur, intitulé : *les Présidents au mortier du parlement de Paris*. Paris, Cardin Besongne, 1647, in-fol.

Bollandus (Joannes) etc... Acta sanctorum quotquot toto orbe coluntur. Antuerpiæ, 1643-1794, 53 vol. in-fol.

Bon (le) Chevalier. Voy. Chastellain (G.)

Brantôme (Pierre de Bourdeille, abbé de). OEuvres complètes, avec notices littéraires, par J. A. C. Buchon. Paris, A. Desrez, 1839, 2 vol. gr. in-8°.

Brossette. Histoire abrégée ou Éloge historique de la ville de Lyon. Lyon, J. B. Girin, 1711, 2 parties in 4°.

Bulletin de la Société de l'histoire de France. Deuxième partie. Documents historiques originaux. Paris, J. Renouard, 1835-1836, 2 vol. in-8°.

Bulletins de l'Académie royale des sciences et belles-lettres de Bruxelles. Bruxelles, M. Hayez, 1834-1842, 9 tomes en 18 vol. in-8°.

Cabinet des titres.

Ces mots désignent la collection de renseignements généalogiques existant à la Bibliothèque royale, département des manuscrits.

Calmet (D.). Histoire de Lorraine. Nouvelle édition. Nancy, 1745-1757, 7 vol. in-fol.

Carte (Thomas). A General history of England. London, 1747-1752, 3 vol. in-fol.

Chastellain (Georges) Chronique du bon chevalier messire Jacques de Lalain. Paris, Verdière, 1825, in-8°.

XLI⁹ vol. de la *Collection des chroniques nationales françaises*, avec notes par J. A. Buchon.

CHASTELLAIN (George). OEuvres historiques inédites. Paris, A. Desrez, 1837, in-8°.

CHORIER (Nicolas). Histoire générale de Dauphiné. Lyon, J. Thioly, 1672, in-folio.

Chronique du chapitre de Neuchastel (1476).

    Au tome V, p. 385-400, de *l'Austrasie, revue du nord-est de la France.* Metz, Verronnais, 1838-1839, 5 vol. in-8°.

Chronique ou Dialogue entre Joannes Lud et Chrétien, secrétaires de Réné II, duc de Lorraine, sur la défaite de Charles le Téméraire devant Nancy (5 janvier 1477), publié pour la première fois par Jean Cayon. Nancy, Cayon-Liébault, 1844, in-4°.

Chronique scandaleuse (la).

    Aux pages 1-221 du tome II des Mémoires de Comines, édition de Lenglet.

CONTELORIUS (Felix). Pars altera Elenchi S. R. E. cardinalium ab anno 1430 ad annum 1659. Romæ, Ign. de Lazaris, 1659, in-4°.

CORIO (Bernardino). L'Historia di Milano. In Padoa, P. Frambotto, 1646, in-4°.

Correspondance de l'empereur Maximilien Ier et de Marguerite d'Autriche.... publiée par Le Glay. Paris, J. Renouard, 1839, 2 vol. in-8°.

COSTE (Hilarion de). Le portrait en petit de saint François de Paule. Paris, S. Cramoisy, 1655, in-4°.

COTTON (Robert). An exact abridgement of the Records in the Tour of London. London, W. Leake, 1657, in-fol.

ÇURITA (Geronymo). Anales de la Corona de Aragon. Çaragoça, 1610, 6 vol. in-fol.

ÇURITA. Historia del rey don Hernando el Catholico. Çaragoça, 1580, in-fol.

CUVIER (Georges). Recherches sur les ossements fossiles. Quatrième édition. Paris, E. d'Ocagne, 1834-1836, 10 vol. in-8°.

DANIEL. Histoire de France, nouvelle édition. Paris, 1755, 17 vol. in-4°.

DANIEL. Histoire de la milice françoise. Paris, 1721, 2 vol. in-4°.

DREUX DU RADIER. Bibliothèque historique et critique du Poitou. Paris, Ganeau, 1754, 5 vol. in-12.

DU BELLAY (Martin). Mémoires. Paris, P. L'Huillier, 1569, in-fol.

DUBY (Pierre-Ancher TOBIÉSEN). Traité des monnaies des barons. Paris, de l'Impr. royale, 1790, 2 vol. in-4°.

Ducatiana ou Remarques de feu M. Le Duchat sur divers sujets d'his-

toire et de littérature , recueillies dans ses manuscrits et mises en
ordre par **M**. F. (Formey). Amsterdam, P. Humbert, 1738, 2 vol.
in-8°.

Du Chesne (André). Histoire généalogique de la maison de Béthune.
Paris , Séb. Cramoisy, 1639 , in-fol.

Du Clercq (Jacques). Mémoires.

   Aux tomes XII-XV des *Chroniques d'Enguerrand de Monstrelet*
(Paris , Verdière , 1826-1827 , in-8°).

Duclos (Charles Pineau). OEuvres complètes. Paris, Janet et Cotelle,
1820 , 9 vol. in-8°.

Dugdale (William). The Baronage of England. London , A. Roper ,
1675-1676 , 2 vol. in-fol.

Du Mont (Jean). Corps universel diplomatique. Amsterdam , 1726,
8 vol. in-fol.

   Avec J. Rousset.

Dusevel. Description historique et pittoresque du département de la
Somme. Amiens, Ledien fils, 1836 , 2 vol. in-8°.

   Avec P. A. Scribe.

Fauvelet du Toc (Antoine). Histoire des secrétaires d'Estat. Paris,
Ch. de Sercy, 1668 , in-4°.

Federici (Federico). Della famiglia Fiesca. In Genova, G. M. Fa-
roni , (s. a.), in-fol.

Fonseca (Diego de Castejon y). Primacia de la santa iglesia de To-
ledo. Madrid, 1645, 2 vol. in-fol.

Fonteneau. Table des manuscrits de D. Fonteneau, conservés à la bibliothèque de Poitiers. Poitiers , Saurin , 1839 , in-8°.

   (Le tome Ier, seul publié jusqu'à ce jour, contient la *Table chronologique des chartes transcrites dans les vingt-sept premiers
volumes de la collection* et forme le tome IV du recueil des *Mémoires de la Société des antiquaires de l'Ouest.*)

Gachard (L. P.). Analectes belgiques, ou Recueil de pièces inédites,
mémoires, notices, faits et anecdotes concernant l'histoire des
Pays-Bas. Bruxelles, A. Wahlen, 1830, 2 vol. in-8°.

Gachard (L. P.). Collection de documents inédits concernant l'histoire de la Belgique. Bruxelles, Louis Hauman, 1833-1835 , 3 vol.
in-8°.

Gachard. Particularités et documents inédits sur Comines, Charles
le Téméraire et Charles-Quint. Bruxelles, Wouters, 1842 , in-8°.

Gachard. Rapport à M. le ministre de l'intérieur sur les documents
concernant l'histoire de la Belgique, qui existent dans les dépôts

littéraires de Dijon et de Paris. Ire partie : *Archives de Dijon.* Bruxelles, M. Hayez, 1843, in-8°.

Gallia christiana, cura et labore Claudii Roberti. Lutetiæ Parisiorum, S. Cramoisy, 1626, in-fol.

Gallia christiana. Opus fratrum gemellorum Scævolæ et Ludovici Sammarthanorum. Lutetiæ Parisiorum, Vid. Edm. Pepingué, 1656, 4 vol. in-fol.

Gallia christiana, in provincias ecclesiasticas distributa. Lutetiæ Parisiorum, J. B. Coignard, 1715-1785, 13 vol. in-fol.

Gamurrini (Eugenio). Istoria genealogica delle famiglie nobili toscane et umbre. In Fiorenza, G. Navesi, 1668-1685, 5 vol. in-fol.

Gauffridi. Histoire de Provence. Aix, Ch. David, 1694, in-fol.

Généalogie (la) des illustres comtes de Nassau. Leyde, J. Orlers, 1615, in-folio.

Généalogies (les) des maistres des requestes ordinaires de l'Hostel du Roy. Paris, 1670, in-fol.

Godwin (Fr.). De præsulibus Angliæ commentarius. Recognovit et continuavit G. Richardson. Cantabrigiæ, 1743, in-fol.

Gozzadini (Giovanni). Memorie per la vita di Giovanni II Bentivoglio. Bologna, tipi delle Belle Arti, 1839, in-8°.

Grassi (Ranieri). Descrizione storica e artistica di Pisa e de' suoi contorni. Pisa, R. Prosperi, 1836-1838, 3 vol. in-12.

Guazzo (Marco). Historie. Venetia, all'insegna di S. Bernardino, 1547, in-8°.

Guicciardini (Francesco). Storia d'Italia. Parigi, Baudry, 1832, 6 vol. in-8°.

Guichenon. Histoire de Bresse et de Bugey. Lyon, Huguetan, 1650, in-fol.

Guichenon. Histoire généalogique de la royale maison de Savoie. Lyon, G. Barbier, 1660, 2 vol. in-fol.

    Le second volume contient les Preuves : le premier est presque toujours divisé en deux tomes.

Guichenon. Histoire généalogique de la royale maison de Savoie. Turin, J. M. Briolo, 1778, 2 vol. in-fol.

Habington (W.). The Historie of Edward the Fourth, king of England. London, 1648, in-fol.

Hammer (J. de). Histoire de l'empire ottoman. Traduit de l'allemand par J. J. Hellert. Paris, Bellizard, 1835-1842, 18 vol in-8°.

Héliot (Hippolyte). Histoire des ordres monastiques, religieux et militaires. Paris, J. B. Coignard, 1714-1719, 8 vol. in-4°.

Hennin. Extrait de ses mémoires inédits.

Aux pages 442-455 de l'*Histoire des ducs de Bourgogne*, par M. de Barante, avec des remarques par le baron de Reiffenberg. 6ᵉ édit., tome VI.

Hergott (Marquard.) Monumenta augustæ domus austriacæ. Viennæ Austriæ, L. J. Kaliwoda, 1750-1772, 4 vol. in-fol.

Histoire de Charles VIII, par Guillaume de Jaligny, André de La Vigne et autres historiens de ce temps-là. Le tout recueilli par Godefroy. Paris, Imprim. royale, 1684, in-fol.

Histoire du bon chevalier Bayart.

Aux pages 479-607 du tome IV (1ʳᵉ série), de la *Nouvelle collection des mémoires pour servir à l'histoire de France*, publiée par MM. Michaud et Poujoulat.

Histoire généalogique de la maison de Faudoas. Montauban, F. Descaussat, 1727, in-4°.

Holinshed (Raphaël). Chronicles of England. London, 1587, 2 vol. in-fol.

Imhoff (J. W.). Genealogiæ vigenti illustrium in Italia familiarum in tres classes divisæ. Amstelodami, Chatelain, 1710, in-fol.

Jal (A.). Documents inédits sur l'histoire de la marine (xvıᵉ siècle).

Voy. *Annales maritimes et coloniales*, 27ᵉ année, 2ᵉ série. Partie non officielle, t. 11, p. 1-95.

Jovius (Paulus). Historiarum sui temporis tomi duo. Florentiæ, L. Torrentini, 1550-1552, 2 vol. in-fol.

La Barre (Lefèvre de). Mémoires pour servir à l'histoire de France et de Bourgogne. Paris, J. M. Gandouin et P. F. Giffart, 1729, 2 vol. in-4°.

Labbe (Philippe). L'abrégé royal de l'alliance chronologique de l'histoire sacrée et profane. Paris, G. Meturas, 1651, in-4°.

La Chenaye Des Bois. Dictionnaire de la noblesse. Paris, Vᵉ Duchesne et Badier, 1770-1786, 15 vol. in-4°.

La Marche (Olivier de). Mémoires.

Aux tomes IX et X de la *Collection complète des Mémoires relatifs à l'histoire de France* avec notices par M. Petitot (1ʳᵉ série).

La Martinière (Bruzen de). Le grand dictionnaire géographique, historique et critique. Nouv. édit. Paris, 1768, 6 vol. in-fol.

La Mésangère (de). Dictionnaires des proverbes français, 3ᵉ édition. Paris, Treuttel et Würtz, 1823, in-8°.

Lancillotti (Secondo). Historiæ Olivetanæ libri II. Venetiis, typogr. Gueriliana, 1623, in-4°.

Le Blanc. Traité historique des monnoyes de France. Paris, Ch. Robustel, 1690, in-4°.

Le Glay. Voy. Correspondance de l'empereur Maximilien Ier.

Le Grand (Albert). La vie, gestes, mort et miracles des saints de la Bretaigne armorique, ensemble un ample catalogue chronologique et historique des evesques des neuf eveschez d'icelle. Nantes, P. Dorion, 1637, in-4°.

Le Laboureur (Jean). Les tombeaux des personnes illustres. Paris, Jean Leblanc, 1642, in-fol.

Lellis (Carlo de). Discorsi delle famiglie nobili del regno di Napoli. Iu Napoli, 1654-1671, 3 vol. in-fol.

Lenglet Du Fresnoy. Mémoires de messire Philippe de Comines. Nouvelle édition. Londres et Paris, Rollin, 1747, 4 vol. in-4°.

L'Espinoy (Philippe de). Recherche des antiquitez et noblesse de Flandres. Douai, Ve Marc Wyon, 1632, in-fol.

Lettres et bulletins des armées de Louis XI, adressés aux officiers municipaux d'Abbeville, avec des éclaircissements et des notes (par F. C. Louandre). Abbeville, Boulanger, 1837, in-8°.

L'Hermite-Souliers (Jean-Baptiste). Les Éloges de tous les premiers présidents du parlement de Paris. Paris, Cardin Besongue, 1645, in-fol.

    Avec François Blanchard.

Litta. Famiglie celebri di Italia. Milano, P. E. Giusti, 1819-1847, in-fogl.

Loyens (J. G.) Recueil héraldique des bourguemestres de la noble cité de Liége. Liége, J. P. Gramme, 1720, in-fol.

Marillac. Histoire de la maison de Bourbon.

    Aux fol. 227-294 des *Deisseins de professions nobles et publiques*, par Antoine de Laval, 2e édition. Paris, 1612, in-4°.

Masselin (Jehan). Journal des états-généraux de France, tenus à Tours en 1484, publié et traduit par A. Bernier. Paris, de l'Impr. royale, 1835, in-4°.

Mathieu. Histoire de Louis XI. Paris, P. Mettayer, 1610, in-fol.

Mémoires et documents inédits pour servir à l'histoire de la Franche-Comté. Besançon, Sainte-Agathe, 1838-1844, 3 vol. in-8°.

Meyer (J.). Commentarii sive Annales rerum flandricarum. Antuerpiæ, J. Steelss, 1561, in-fol.

Molinet (Jean). Chroniques, publiées par J. A. Buchon. Paris, Verdière, 1827-1828, 5 vol. in-8°

Monstrelet (Enguerrand de). Volume troisiesme des chroniques d'Enguerrand de Monstrelet. Paris, Pierre L'Huillier, 1572, in-fol.

Monstrelet (Enguerrand de). Chroniques. Nouvelle édition, avec notes et éclaircissements par J. A. Buchon. Paris, Verdière, 1826-1827, 15 vol. in-8°.

Moreri. Le grand dictionnaire historique. Nouv. édit., revue par Drouet. Paris, 1759, 10 vol. in-fol.

Morice (Pierre-Hyacinthe). Mémoires pour servir de preuves à l'Histoire ecclésiastique et civile de Bretagne. Paris, 1742-1746, 3 vol. in-fol.

Muratori (Louis). Rerum italicarum scriptores. Mediolani, 1723-1751, 25 vol. in-fol.

Nicot. Dictionnaire français-latin. Paris, J. Dupuys, 1584, in-fol.

Nostradamus. L'Histoire et chronique de Provence. Lyon, S. Rigaud, 1614, in-fol.

Ordonnances des rois de France de la troisième race. Paris, de l'Imprim. roy., 1723-1840, 20 vol. in-fol.

Philipot (John). The Catalogue of the Chancellors of England. London, 1636, in-4°.

Rapin de Thoyras. Histoire d'Angleterre. Nouvelle édition. La Haye, 1749, 16 vol. in-4°.

Raynaldus (Odoricus). Annales ecclesiastici, ab anno MCXCVIII, ubi card. Baronius desinit. Romæ, Varesius, 1647-77, 10 vol. in-fol. XIII-XXII de la collection.

Reiffenberg (de). Histoire de l'ordre de la Toison d'Or. Bruxelles, 1830, in-4°.

Revue rétrospective. Seconde série. Paris, imprimerie de Fournier, 1835-1837, 12 vol. in-8°.

Roquefort (J. B. B.). Glossaire de la langue romane. Paris, B. Warée, 1808, 2 vol. in-8°. — Supplément. Paris, Chassériau et Hécart, 1820, in-8°.

Roscoe (William). Vie de Laurent de Médicis, trad. de l'anglais par Thurot. Paris, Treuttel et Würtz, an VIII, 2 vol. in-8°.

Rymer (Thomas). Fœdera, conventiones, literæ.... inter reges Angliæ et alios quosvis imperatores, reges..... ab anno 1101..... habita aut tractata. Editio tertia. Hagæ Comitis, J. Neaulme, 1739-1745, 10 vol. in-fol.

Salazard (Alexis). Histoire générale et particulière de Bourgogne. Dijon, L. N. Frantin, 1738-1771, 4 vol. in-fol.

  Le quatrième volume seulement est de Salazard; les trois premiers sont dus à dom Plancher.

Sansovino (Fr.) Origine e fatti delle famiglie illustri d'Italia. Venetia, Combi, 1670, in-4°.

Sauval (Henri). Histoire et recherches des antiquités de la ville de Paris. Paris, Ch. Moette et J. Chardon, 1724, 3 vol. in-fol.

Seyssel (Claude de). Histoire de Louis XII. Paris, Abr. Pacard, 1615, in-4°.

Sismondi (J. C. L. Simonde de). Histoire des républiques italiennes du moyen âge. Paris, Treuttel et Wurtz, 1818, 16 vol. in-8°.

Summonte (Giovanni Antonio). Historia della città e regno di Napoli. Seconda editione. In Napoli, A. Bulifon, 1675, 4 vol. in-4°.

Tablettes de Thémis. Troisième partie, contenant la chronologie des présidents, chevaliers d'honneur, avocats et procureurs généraux des chambres des comptes de France et de Lorraine. Paris, 1755, in-32.

Tarbé (Prosper). Louis XI et la sainte ampoule. (Reims), impr. de Jacquet, 1842, in-12.

Thaumas de la Thaumassière (Gaspard). Histoire de Berry. Bourges, Fr. Toubeau, 1691, in-fol.

Thibaudeau. Abrégé de l'histoire du Poitou. Paris, 1783, 6 vol. in-12.

Tiltres justificatifs du droict appartenant au duc de la Tremoille en la succession universelle de Fréderic d'Aragon, roy de Sicile, Naples, Hiérusalem, etc. Paris, Pierre Des Hayes, 1654, in-4°.

Trésor de numismatique et de glyptique. (Médailles coulées et ciselées en Italie aux xv° et xvi° siècles.) Paris, 1836, in-fol.

Ughelli (Ferdinando). Italia sacra. Edit. sec. Venetiis, 1717-1722, 10 vol. in-fol.

Vaissete. Histoire générale de Languedoc. Paris, J. Vincent, 1730-1745, 5 vol. in-fol.

Van Praet (Joseph). Notice sur Colard Mansion, libraire et imprimeur de la ville de Bruges, en Flandre, dans le xv° siècle. Paris, De Bure frères, 1829, in-8°.

Van Praet (Joseph). Recherches sur Louis de Bruges, seigneur de la Gruthuyse. Paris, De Bure frères, 1831, in-8°.

 # LISTE DES OUVRAGES CITÉS.

Villeneufve (Guillaume de). Histoire des guerres d'Italie sous Charles VIII, roy de France, de Naples et de Jérusalem.

    Aux pages 82-115 du tome IV, 2ᵉ partie, des *Mémoires de Comines*, édition de Lenglet.

Villenfagne. Mélanges pour servir à l'histoire civile, politique et littéraire du ci-devant pays de Liége. Liége, Duvivier, 1810, in-8°.

Voyage littéraire de deux religieux bénédictins de la congrégation de Saint-Maur. Paris, 1717, 2 vol. in-4°.

Wiellant (Philippe). Histoire des antiquitez de Flandres.

    Au tome II des *Mémoires de Ph. de Comines*, édition de Lenglet Du Fresnoy, page 626-627.

Witt (Bernard). Historia antiquæ occidentalis Saxoniæ. Monasterii Westphalorum, A. W. Aschendorf, 1778, in-4°.

Zazzera (Francesco). Della nobiltà dell'Italia. In Napoli, 1615-1628, in-fol.